Ce livre appartient à

LES ODYSSÉES

Textes : Laure Grandbesançon
Direction artistique : Sara Deux
Édition : Seymourina Cruse et Victoria Scoffier (Les Arènes)
Anne-Julie Bémont et Marie-Laure Pauly (Éditions Radio France)
Recherche iconographique et documentaire : Bertille Caudron
Fabrication : Maude Sapin
Révision : Audrey Guillemet, Isabelle Paccalet et Anaïs Pournin,
avec Alice Posière

Typographie de couverture : © Mathieu Julien
Illustrations de la partie Bonus : © Quentin Vijoux
Photo Laure Grandbesançon : © Christophe Abramowitz / Radio France

Cet ouvrage est une coédition
Les Arènes/France Inter.

www.franceinter.fr

Les Arènes,
17-19, rue Visconti, 75006 Paris
Tél. : 01 42 17 47 80
arenes@arenes.fr
www.arenes.fr

Laure Grandbesançon

LES ODYSSÉES

LES MYTHES ET RÉCITS LÉGENDAIRES RACONTÉS AUX ENFANTS

les arènes

france inter

Sommaire

12

L'Iliade

Pendant dix ans, une épouvantable guerre oppose les Grecs à l'illustre cité de Troie. Remontons aux origines du plus fameux siège de l'Antiquité.

42

L'Odyssée

Depuis qu'il a quitté Troie, Ulysse erre sur la mer Méditerranée. Poursuivi par la fureur de Poséidon, il va d'île en île, en proie à de redoutables dangers.

72

Robinson Crusoé

En 1651, un aventurier anglais échappe à un effroyable naufrage. Seul rescapé, il finit par échouer sur une île déserte. Va-t-il réussir à survivre ? Voici le destin extraordinaire de Robinson Crusoé.

102

La légende du roi Arthur

Le royaume de Logres est gouverné par Uther Pendragon et protégé par un mage très puissant, Merlin. Hélas, la couronne est menacée. Qui montera sur le trône ?

Comment j'ai rencontré ces quatre fabuleux récits

Mon nom est Laure Grandbesançon et je travaille au bureau des Odyssées. Mon métier ? Enquêter sur les grandes aventures de l'Histoire. Notre passé est infiniment riche, alors, avec les années, j'en ai découvert des personnages, des récits et des affaires aussi folles que passionnantes ! Les plus fabuleux d'entre eux, je les raconte dans un podcast, dans des livres et même sur scène, au théâtre !

Avant que tu tournes les pages, j'aimerais te confier une petite histoire qui m'est arrivée lorsque j'étais enfant. Je crois qu'elle vaut la peine que tu la lises, car elle est, d'une certaine façon, à l'origine de ce livre.

C'est le mois de juillet, j'ai huit ou neuf ans, je passe les vacances d'été avec tous mes cousins chez mes grands-parents. Ils habitent alors La Ciotat, une sublime ville du sud-est de la France.

Un matin, à peine réveillée, j'enfile mon maillot de bain préféré – un élégant bikini rouge à pois blancs –, puis je descends à la cuisine pour prendre mon petit déjeuner. En chemin, prise d'une envie pressante, je file aux toilettes, où je m'enferme à triple tour à cause de mes cousins qui sont du genre petits farceurs. Mon affaire terminée, je tente de déverrouiller le loquet de la serrure mais… CATASTROPHE !!! Impossible d'ouvrir ! Mon cœur se met à taper fort dans ma poitrine et je frappe aussi fort que lui sur la porte. Paniquée, j'appelle à l'aide, mais personne ne vient à mon secours. Quelques secondes plus tard, j'entends la porte d'entrée qui claque. Incroyable ! Mes grands-parents et mes cousins venaient de partir en tongs et paréo vers la plage de la Coquille, me laissant seule, coincée dans cette minuscule pièce.

Désespérée, je me roule en boule au pied des toilettes. Entre deux sanglots, je tourne la tête. Soudain, là, derrière la brosse à cuvette en forme de flamant rose, j'aperçois une pile de vieux livres tout pleins de poussière. Sur les couvertures se déploient des titres en lettres d'or : *L'Iliade*, *L'Odyssée*, *Robinson Crusoé*, *La Légende du roi Arthur*… Intriguée, je feuillette les pages et commence à lire. Après tout, qu'avais-je de mieux à faire ? Tu veux que je te dise ? J'ai sacrément bien fait, car j'ai découvert ce jour-là quatre incroyables aventures qui m'ont sauvée du chagrin et de l'ennui.

L'Iliade et *L'Odyssée* sont deux épopées nées dans la Grèce antique. On les attribue à un mystérieux poète qui s'appelle Homère. Chauffés par le soleil, ces récits éclatent dans la bouche comme un beau fruit bien mûr. L'un raconte la guerre, l'autre un impossible retour. Aussi vieux que le monde, ils ont traversé le temps grâce à d'autres poètes qui les ont racontés de village en village et de bouche à oreille pour arriver aujourd'hui jusqu'à toi. Ils parlent de la vie, de l'amour, du pardon et de la mort. Ils avancent dans la poussière en faisant du bruit.

Robinson Crusoé est l'un des premiers romans d'aventures de l'Histoire. Écrit par Daniel Defoe, il raconte les péripéties d'un jeune Anglais qui, après bien des tempêtes, échoue sur une île déserte. Comment va-t-il survivre ? A-t-il seulement une chance de s'en sortir ?

Quant à *La Légende du roi Arthur*, elle nous conduit dans un monde étrange où les fées, les magiciens, les druides, les rois et les chevaliers se croisent et se recroisent pour le meilleur… et pour le pire.

Ces quatre récits sont racontés dans ce livre. Ce sont des épopées fabuleuses, des légendes fantastiques, des mythes merveilleux, ou encore des textes fondateurs. Tous ont façonné notre vision du monde. Comme d'indomptables dragons, ils crachent un feu brûlant. Ce feu parle des humains et révèle ce qu'il y a de meilleur, mais aussi de plus sombre en nous. Attention : *L'Iliade*, *L'Odyssée*, *Robinson Crusoé* et *La Légende du roi Arthur* ont traversé le temps pour t'emmener loin, si loin que tu pourrais bien ne jamais revenir. Je te les livre ici assaisonnés « à la sauce Laurette » (mais pas « lorraine », car je ne suis pas une quiche… enfin, pas encore). Es-tu prête ? Es-tu prêt ? Je te préviens, comme le dirait Ulysse, ça va décoiffer.

Laure Grandbesançon

LGB

L'ILIADE

Cette aventure commence à une époque infiniment lointaine. Pendant dix ans, une terrible guerre oppose les Grecs à l'illustre cité de Troie. Achille, Hector, Agamemnon, Ménélas, Pâris et Ulysse sont d'immenses guerriers. Certains écoutent leur cœur, d'autres la raison. Tous sont comme le lait encore chaud lorsqu'il sort du pis de la vache : ils sont entiers. Bienvenue dans le grand théâtre des passions humaines : ici, on s'aime, on se déchire, on s'insulte, on se trahit. Ici, les dieux s'occupent des affaires des hommes. Qui, du camp des Troyens ou de celui des Grecs, finira par l'emporter ? Remontons aux origines du plus fameux siège de l'Antiquité !

ILLUSTRATIONS
SIMON BAILLY

UNE TERRIBLE GUERRE

Lorsque le vent se glisse entre les feuilles des arbres de la cité de Troie, on pourrait presque entendre sonner mille carillons d'or. Troie est une ville prospère, puissante. Son roi s'appelle Priam, c'est un homme juste et extrêmement bon. Hélas, le pauvre est en panique. La reine Hécube, sa femme, attend leur deuxième enfant et elle a fait un étrange rêve…

C'est une nuit tantôt bleue, tantôt noire, douce comme du velours. Dans son lit, la reine Hécube se tourne et se retourne comme une chipolata sur le gril. Derrière ses paupières closes par le sommeil, elle rêve. Ou plutôt elle cauchemarde : une torche enflammée vient de sortir de son ventre et embrase, de maison en maison, la cité de Troie. D'immenses flammes dévorent la ville tout entière. Le lendemain, au petit déjeuner, elle s'empresse de raconter cette vision funeste à son mari. « Hécube mettrait au monde une torche enflammée ? s'exclame le bon vieux Priam, terrifié. À tous les coups, c'est un message des dieux. Mais que veulent-ils nous dire ? » Pour en avoir le cœur net, il décide de consulter les oracles :

« Ô Grands Oracles, vous qui ne vous trompez jamais, ni sur le temps qu'il fera ni sur les résultats du bingo, éclairez-moi : quelle est la signification du rêve d'Hécube, ma femme ?

– Roi Priam, c'est pourtant clair comme de l'eau de roche : l'enfant qui naîtra sera un fils et il causera la ruine de Troie. »

Comment ! Son tout-petit, pas encore né, serait responsable

« L'enfant qui naîtra causera la ruine de Troie. »

Éris, la déesse de la Discorde, est sacrément furax.

de la destruction de sa patrie ? C'est trop horrible, le roi Priam ne peut le croire ! Mais les devins, hélas, ne mentent jamais. Si tel est le message des dieux, alors, c'est sûr, *cela doit et cela va arriver*. Cet enfant, il devra s'en séparer.

Quatre mois plus tard, Hécube accouche d'un petit garçon, qu'on appelle Pâris. Plutôt que de le zigouiller, le roi l'abandonne au sommet d'une montagne peuplée de centaures et de bêtes sauvages : le mont Ida. Pendant plusieurs jours, le vent souffle, la pluie tombe. Enfin – miracle ! –, l'enfant est recueilli par des bergers.

Pâris grandit. Il garde les moutons, les chèvres, il adore ça ! Un jour, alors qu'il participe à un tournoi, sa sœur le reconnaît, et le jeune homme finit par rentrer à Troie, dans le palais de son père. De temps en temps, lorsque ses bêtes lui manquent, il retourne les faire paître sur le mont Ida.

Sur une autre montagne qu'on appelle le Pélion, c'est jour de mariage

Les dieux font la fête ! Poséidon, Dionysos, Héra, Athéna, Aphrodite et même Zeus, le roi des dieux, tous se sont déplacés pour célébrer l'union de Thétis, une splendide nymphe de la mer, et de Pélée, un simple mortel.

Mazette, les dieux ne sont pas venus les mains vides ! Chacun a apporté de merveilleux cadeaux : des armes magiques forgées par le dieu Héphaïstos, deux chevaux immortels, une lance de frêne et des boucliers somptueux ! Dans la forêt, sous les oliviers et les pins, les bouches sont remplies de cerises. C'est un moment absolument délicieux. Hélas, tout à coup, un vent terrible se met à souffler.

Des vases se brisent, la bonne humeur est rompue. C'est Éris, la déesse de la Discorde, qui vient de pointer le bout de son nez. Elle est sacrément furax. De toutes les divinités qui peuplent le mont Olympe, c'est la seule qui n'a pas été invitée : « Alors comme ça, mes chéris, on festoie sans Éris ? lance-t-elle, les yeux brillants du feu de la vengeance. Eh bien, c'est ce qu'on va voir. » Et hop ! elle lance une pomme d'or dans les airs. Lorsque le fruit étincelant retombe sur le sol, les dieux y découvrent une mystérieuse inscription : « À la plus belle ».

Athéna, Aphrodite et Héra se lancent immédiatement des regards noirs

« La plus belle, c'est moi ! » pensent en chœur les trois déesses. Comme un orage chargé d'éclairs, une violente dispute éclate. Au bout d'un moment, Zeus n'en peut plus, sa moustache frise ! « Eh, ça suffit ! Un mortel vous départagera ! » tranche-t-il de sa puissante voix.

Ce mortel n'est autre que Pâris. Sans attendre, les trois déesses se présentent à lui sur le mont Ida. Chacune lui dévoile sa beauté divine et, pour être sûre d'emporter le morceau, lui glisse à l'oreille : « Si tu me choisis, je t'offrirai ce que je possède. »

Athéna, la déesse de la Guerre, lui propose la victoire militaire. Héra, la déesse du Mariage, lui offre la puissance. Quant à Aphrodite, la déesse de l'Amour, elle lui promet l'affection de la plus belle des mortelles : Hélène, fille de Zeus et femme de Ménélas, le roi de Sparte. Du coin de l'œil, Pâris consulte ses moutons. Tous semblent d'accord avec lui : il choisit l'amour !

«Si tu me choisis,
je t'offrirai ce que
je possède.»

Les années passent. Un jour, le roi Priam envoie des Troyens à Sparte, de l'autre côté de la mer Égée, pour régler quelques affaires. Il demande à son fils Pâris de les accompagner. Le jeune homme, évidemment, n'a pas oublié la promesse de la déesse Aphrodite. Durant tout le voyage, sur le pont du bateau, les bouclettes battues par le vent, il pense à la belle Hélène.

Pâris débarque dans la cité grecque

À peine aperçoit-il la femme de Ménélas qu'il en tombe éperdument amoureux. Il est subjugué. Par Dionysos, c'est vrai qu'Hélène est la plus belle des mortelles ! Sa beauté est spectaculaire, quasi divine, en elle brillent toutes les étoiles du monde. Ainsi qu'Aphrodite l'a promis, Hélène tombe amoureuse de Pâris. Une nuit, alors que le roi Ménélas est en voyage en Crète, les deux amants prennent la poudre d'escampette.

Les voici au beau milieu de la mer, sur un bateau qui les emmène loin, en direction de Troie. Hélène et Pâris se regardent. Ils rient. Dans leurs yeux sont apparus mille douceurs, mille tendresses, mille jardins éternels. Oui, leur amour est infini, puissant. Hélas, sans le savoir, ils viennent de déclencher une épouvantable catastrophe.

À son retour, Ménélas est fou de rage et de douleur. « Mon épouse, séduite et enlevée par un Troyen ? Un étranger, à qui j'ai offert l'hospitalité ?! »

Il convoque sur-le-champ les chefs de toutes les cités grecques. Sous le commandement d'Agamemnon, le roi de Mycènes et frère de Ménélas, ils s'unissent pour faire la guerre.

Vite, on arme les bateaux. Dès que les vents le permettent, ils prennent la mer : soixante navires fendent l'écume, toutes voiles dehors. À leur bord, on trouve les plus grands guerriers de leur temps, parmi lesquels Ulysse, le roi d'Ithaque, dont on dit qu'il est l'intelligence même, et bien sûr Achille, le fils de la nymphe Thétis et du mortel Pélée.

Achille n'est pas un humain comme les autres. C'est un demi-dieu. Il est plus rapide, plus fort, plus énergique et plus violent que tout le monde. Alors qu'il n'était qu'un nourrisson, sa mère l'a plongé dans le Styx, l'un des fleuves des Enfers, en le tenant par le talon, ce qui l'a rendu invulnérable, sauf à cet endroit. En plus, il porte les armes fabuleuses offertes par les dieux lors des noces de ses parents. Achille est très jeune, il a quatorze ou quinze ans à peine, mais il a déjà fait un choix terrible et rudement courageux : mener une vie brève mais glorieuse. Il veut devenir un héros. Grâce à lui, le camp d'Agamemnon se croit sûr de gagner.

La Grèce entière est là, sur les flots. Tous ces soldats ont fait le serment de ramener Hélène et de détruire la cité du roi Priam, quitte à y laisser leur peau. L'effroyable guerre de Troie commence.

LA COLÈRE D'ACHILLE

Hélène, reine de Sparte et femme de Ménélas, a fui avec le Troyen Pâris. Pour l'obliger à rentrer chez elle et venger l'honneur de son mari, tous les chefs grecs sont entrés en guerre contre la cité de Troie. Unis sous le commandement du roi Agamemnon, ils comptent bien mettre la pâtée à leurs nouveaux ennemis. Hélas, les années passent et la guerre, semble-t-il, piétine.

Les Grecs ont établi leur campement près de la mer, à quelques heures de marche de la cité de Troie. La brise marine, c'est toujours agréable, et puis ils peuvent ainsi surveiller leurs bateaux. Dix années se sont écoulées depuis le début de la guerre. Entre les batailles, les soldats attendent. Le temps paraît bien long…

Enfin, tout dépend pour qui ! Achille, par exemple, est tombé sous le charme d'une jeune Troyenne. La belle s'appelle Briséis, le demi-dieu en est fou. Tant mieux ! Il est bon qu'un Grec se réjouisse, car, dans le camp d'Agamemnon, rien ne va, c'est carrément la catastrophe. Depuis neuf jours, le dieu Apollon fait pleuvoir les flèches noires de la peste. Les hommes tombent comme des mouches. Comme si ce n'était pas suffisant, au matin du dixième jour, une violente dispute éclate.

Achille, le plus vaillant des guerriers grecs, est fou de rage. Peuchère, le roi Agamemnon veut lui ravir Briséis, sa tendre bien-aimée !

«Agamemnon, face de chien, tu m'entends? lui dit-il, le visage rouge comme un piment. Tu as de l'or à revendre et tu voudrais en plus me prendre Briséis? Quelle sorte d'homme es-tu?»

Le roi ne dit rien. Les yeux brillants, il fixe le guerrier comme s'il lançait des flammes avec ses pupilles. Achille ne se laisse pas impressionner, il continue:

«Si nous sommes venus jusqu'ici, c'est uniquement pour te faire plaisir et venger ton frère, le roi Ménélas! Et avec ça, tu es plus feignant qu'une pantoufle! Qui se tape le sale boulot sur le champ de bataille? C'est toi, peut-être? Non, c'est moi! Cette fois, j'en ai ras la to-toge! Je me retire sous ma tente, salut!

– Pars, mais pars! lance alors Agamemnon. De toute façon, je te déteste! Tu es fort, c'est vrai, mais n'oublie pas que c'est grâce à ta mère! Tu prétends être un héros? Parle plutôt d'un fi-fils à sa mamounette, oui!»

Achille n'en peut plus

Que faire? Le zigouiller? Oh oui, c'est vrai que c'est tentant! Alors qu'il s'apprête à saisir son épée, la déesse Athéna apparaît dans son dos. D'un coup sec, elle lui tire les bouclettes, puis elle lui glisse à l'oreille: «Achille, malheureux! N'enfonce pas ta lame dans sa chair encore fraîche. Si vous vous entretuez, comment comptez-vous gagner la guerre? Blesse-le si tu veux, mais fais-le avec des mots!»

Achille a le sang chaud, mais il n'est pas idiot. Il respire un bon coup, puis il reprend de plus belle: «Sac à vin, rat perfide et rampant! Tu n'es pas un roi, tu es un ogre qui dévore son peuple! Tu veux Briséis? Eh bien, soit! Prends-la! Mais je te préviens: j'arrête

Au matin
du dixième jour,
une violente
dispute éclate.

le combat. Achille ne portera plus JAMAIS une seule arme au nom d'Agamemnon ! »

Là-dessus, il s'en va en empruntant un petit chemin bordé de pins qui mène directement à la mer. Dans le camp grec, déjà, l'inquiétude monte : par Dionysos, comment peuvent-ils espérer la victoire sans le demi-dieu, leur puissant rempart contre les Troyens ?

Tout cela, Achille s'en fiche. Seul, à l'abri des regards, devant les flots infinis, il éclate en sanglots. Sous son torse velu, son cœur saigne. Tordu de douleur, il appelle sa mère à la rescousse : « Thétis, nymphe de la mer, sors des eaux et vole au secours de ton fils ! »

Depuis les profondeurs, la mère entend le puissant appel de son enfant

Elle bondit à la surface en faisant mille éclaboussures.

« M'as-tu donné la vie pour que je serve de paillasson ? demande Achille, les yeux pleins de colère. Agamemnon a essuyé ses pieds tout crottés sur mon honneur ! Venge-moi, maman ! Va trouver Zeus et demande-lui de faire perdre les Grecs ! Je veux voir Agamemnon pleurer, écrasé par les Troyens comme un cloporte sous un gros coup de sandale ! »

Et ainsi, Thétis, enveloppée dans une robe de nuages, s'envole en direction de l'Olympe, la demeure des dieux. Zeus n'est pas enchanté par la demande de la nymphe. Il le voit gros comme un char de combat : s'il se mêle de cette satanée guerre, sa femme, Héra, va encore lui chercher des noises. Mais bon, allez, pourquoi pas ? C'est d'accord. Il vengera l'honneur d'Achille, le guerrier aux pieds rapides. Et maintenant, voyons, voyons… Comment s'y prendre ?

Thétis, enveloppée dans une robe de nuages, s'envole en direction de l'Olympe.

Zeus envoie un mauvais Songe visiter Agamemnon dans son sommeil.

Le roi des dieux décide de préparer une petite farce. Ou plutôt : un piège ! C'est cruel, en effet, mais qui a dit que les dieux étaient de gentils personnages ? Le soir même, Zeus envoie un mauvais Songe visiter Agamemnon dans son sommeil. Le Songe est ravi : il adore jouer de vilains tours aux humains ! Lorsqu'il arrive dans la tente d'Agamemnon, le mauvais Songe se place au-dessus de la tête du roi. Après avoir remarqué – tiens, tiens – son crâne vraiment dégarni sur le dessus, il lui tient à peu près ce langage : « Écoute-moi bien, car je t'apporte un message de Zeus. Arme les Grecs en vitesse et dirigez-vous vers Troie. Tous les dieux sont d'accord, ils vont vous faire gagner. Je répète : ils vont vous faire gagner ! » Puis il s'en va sur la pointe des pieds.

Lorsque paraît l'Aurore aux doigts de rose, Agamemnon se réveille d'excellente humeur

« Qui a besoin de ce sac à patates, comment s'appelle-t-il, déjà ? Ah oui, Achille ! » pense-t-il en laçant ses sandales. La victoire, il l'obtiendra sans lui, et le jour même ! C'est une certitude, puisque Zeus la lui a annoncée en rêve ! Pauvre fou, il ne se doute pas un seul instant que le roi des dieux l'a roulé dans la farine.

Sans attendre, Agamemnon fait appeler les soldats. Comme les abeilles qui sortent de la ruche, les troupes se rassemblent. Mais la guigne ! Ça chahute ! Les guerriers ne sont pas contents : sans Achille, ils courent à la catastrophe, ils veulent rentrer chez eux. C'est alors que la voix d'Ulysse, le roi d'Ithaque, l'homme aux mille ruses, s'élève de la foule : « Grecs, attendez, ne partez pas si vite ! Si nous rentrons maintenant, qu'aurons-nous à dire à nos enfants ?

Que nous avons fui comme des lâches ? Haut les cœurs, nous n'avons pas encore perdu ! Rappelez-vous la prophétie de Calchas, notre plus grand devin : la dixième année du siège, Troie aux solides murailles, l'illustre cité du roi Priam, tombera. Allons, nous sommes tout près du but ! Nous prendrons bientôt la ville ! »

Comme la vague qui tape de toutes ses forces contre les rochers, d'immenses cris de joie retentissent parmi les soldats. La vache ! Avec ses douces paroles, Ulysse a réussi à calmer la colère des Grecs !

Mais vite, le combat approche, il faut s'y préparer

Les soldats astiquent leurs boucliers de bronze, ils aiguisent leurs lances et font des sacrifices pour demander la protection des dieux. Ils prennent enfin la route.

Assis sur un rocher, Achille regarde ses amis partir, la larme à l'œil. Il l'a sacrément mauvaise : la bataille, les cris, la sueur, c'est toute sa vie, son cœur ne bat que pour ça !

L'armée d'Agamemnon a fière allure. Combien de guerriers marchent comme un seul homme en direction de Troie ? Impossible à dire ! Il y a là toutes les cités de la Grèce, et même Athéna, la déesse aux yeux de chouette ! Elle se faufile à droite et à gauche, elle allume dans le cœur de chaque soldat le feu de la guerre et donne à tous la force de combattre jusqu'à la fin.

En avant, en avant ! La terre tremble sous leurs pas. Les boucliers scintillent sous les rayons du soleil. On dirait, de loin, un immense incendie en train de dévorer le monde.

Dans la ville de Troie, jeunes et vieux se sont réunis. Il y a quelques minutes, un messager les a prévenus de l'arrivée imminente des Grecs. Sur les remparts, ils guettent, ils scrutent, ils attendent. Ils sifflotent. Ils croquent une pomme. Ils se servent un petit jus. Puis deux… Les glaçons fondent. Ils attendent encore. Nom d'une phorminx ! Les Grecs se seraient-ils trompés de chemin ? Le grand combat va-t-il enfin avoir lieu ? Achille sera-t-il exaucé ? Le piège de Zeus va-t-il se refermer sur le roi Agamemnon ? ❚❚

ACHILLE REPREND LES ARMES

Après une violente dispute avec Agamemnon, Achille a quitté le champ de bataille. Le cœur amer, le demi-dieu a supplié sa mère, la nymphe Thétis, d'aller trouver Zeus pour lui demander de faire triompher les Troyens. Le roi des dieux a accepté. Agamemnon, qui ne se doute de rien, a donné l'ordre de marcher vers Troie. Pétard, il va y avoir du rififi dans la moussaka ! Sans Achille, comment les Grecs peuvent-ils espérer la victoire ?

Devant les portes de la cité de Troie, l'herbe est jaune, ça sent bon la terre sèche et l'olivier. Soudain, un nuage de poussière apparaît à l'horizon. Les Grecs arrivent enfin sur le champ de bataille. La tension est palpable, les soldats grognent. Dans quelques minutes, les épées et les lances vont s'entrechoquer. Attention, le fer va crier ! À bord de son char, le Grec Ménélas s'élance le premier. Il vient d'apercevoir Pâris et il veut lui crever la peau ! Va-t-il réduire en bouillie le Troyen qui lui a piqué sa femme ?

Paniqué, Pâris recule. Incroyable, il se planque, le lâche ! Son frère, le guerrier Hector, est mort de honte : « Ah ça ! Pour jouer les jolis cœurs, tu sais y faire, mais dès qu'il s'agit de défendre ta patrie, il n'y a plus personne ! Tu passes ton temps à faire le beau, mais, franchement, à quoi nous servent tes cheveux soyeux et ta peau douce ? » Pâris, heureusement, se ressaisit : « Mon frère, tu as entièrement raison. Tu veux que je me batte ? Soit. J'affronterai seul Ménélas. À l'issue du combat, l'un de nous deux sera mort.

«Tu n'es coupable
de rien. Seuls les dieux
sont responsables!
Ce sont eux qui ont
déclenché la guerre,
pas toi!»

Le vainqueur rentrera chez lui avec la belle Hélène. En attendant, fais asseoir les soldats et scelle un pacte d'amitié avec nos ennemis.» Un duel ? Un pacte d'amitié ? Youpi, ça veut dire une trêve !

Sur les remparts de Troie, une femme n'a cependant pas le cœur à la fête. Rongée par la culpabilité, Hélène a les yeux rivés sur son ancien mari, Ménélas. Le chagrin la submerge. Priam, le roi des Troyens, l'a compris. «Hélène, viens t'asseoir auprès de moi, lui dit-il de sa voix pleine de sagesse. Tu n'es coupable de rien. Seuls les dieux sont responsables ! Ce sont eux qui ont déclenché la guerre, pas toi !»

Sur le champ de bataille, Ménélas et Pâris se jettent des regards haineux

Poussant un cri qu'on croirait sorti des entrailles de la terre, le roi de Sparte lance le premier son javelot. Il vise sacrément bien ! Il va tuer Pâris, c'est sûr !

Soudain, une brume étrange envahit le monde. Que se passe-t-il ? On ne voit plus rien ! Quelques secondes plus tard, le brouillard se dissipe et – surprise ! – Pâris a disparu ! La déesse Aphrodite l'a sauvé !

Ménélas est fou de rage. Les combats reprennent, terribles, assassins. Les dieux font quelques apparitions, tour à tour ils excitent ou défendent les guerriers.

Du côté des Troyens, ça ne va pas fort. «Il faut absolument prier la déesse Athéna dans son temple, pense tout à coup Hector sous son casque étincelant. Qui sait, elle arrêtera peut-être de protéger les Grecs ?!» Comme un éclair, il file en direction de Troie. Et tandis qu'à sa demande les femmes apportent de l'encens dans le temple de la déesse, Hector retrouve sa femme, la belle Andromaque aux bras blancs. Leur petit enfant, Astyaniax, bien serré contre sa poitrine, elle se jette à ses pieds : « Hector, ne retourne pas sur le champ de bataille, je t'en prie. Veux-tu faire de ton fils un orphelin ? Si tu meurs, je perds tout, car tu es tout pour moi. »

À ces mots, le guerrier sent son cœur se fendre comme une poterie qui n'aurait pas bien fini de cuire. Hélas, il place le devoir au-dessus de tout : « Mon amour, si je reste, je serai couvert de honte. Tu le sais : nul homme n'échappe à son destin. Le mien est de défendre Troie. » Alors la jeune femme le regarde partir en souriant sous un rideau de larmes.

Hector est de retour sur le champ de bataille

Comme une Furie échappée des Enfers, il s'approche de ses ennemis en criant : « Qui osera se mesurer à l'incroyable force d'Hector ? » Pendant plusieurs jours, il se bat comme un tigre. Les Grecs tremblent, ils sont même morts de trouille !

À la tombée de la nuit, Agamemnon rassemble ses guerriers. Il sanglote : « Mes amis, Zeus m'a roulé dans la farine ! Jamais nous ne vaincrons les Troyens ! Fuyons ! »

Fuir ? Les soldats sont atterrés. Franchement, mais pour qui les prend-il ? N'empêche, ils sont bien dans la panade. Pour arrêter la fureur d'Hector, il leur faudrait un guerrier extraordinaire, un demi-dieu… En un mot : Achille.

Par chance, ce dernier n'a pas encore pris la mer pour rentrer chez lui. Vite, on envoie Ulysse le chercher.

«Si tu meurs, je perds tout, car tu es tout pour moi.»

Après avoir revêtu l'armure éblouissante d'Achille, Patrocle affronte Hector sur le champ de bataille.

« Pardon, je vous dérange, peut-être ? demande-t-il en entrant dans la tente d'Achille, visiblement en train de festoyer avec ses soldats.

– Pas du tout ! lui répond le demi-dieu. Prends une assiette, on a fait griller un sanglier !

– Achille… parmentier ! reprend alors Ulysse, ravi d'avoir réussi à placer sa petite blague. Les Troyens sont en train de nous tailler en pièces ! Reprends les armes, et tu verras, Agamemnon te couvrira de somptueux cadeaux !

– La vache ! J'ai dit que JAMAIS plus je ne me battrais pour Agamemnon ! s'énerve alors le demi-dieu. Depuis que j'ai déposé les armes, j'ai compris une chose : rien ne vaut la vie, pas même les trésors que me promet ton roi. Allez, maintenant, du balai ! J'ai un paquet de fromages à terminer et j'ai horreur de gâcher ! »

Ulysse retrouve ses camarades, la mine déconfite

Pour les Grecs, la situation est dramatique. Hector continue de leur mettre la pâtée.

Patrocle, un autre valeureux guerrier, qui se trouve être le plus proche ami d'Achille, essaie de le convaincre à son tour. « Ne laisse pas tes camarades mourir ainsi, comme des chiens ! Prête-moi tes armes fabuleuses : les Troyens croiront t'affronter et ils seront terrorisés ! »

En guise de réponse, Achille se met à cligner des yeux. Qu'a-t-il donc ? Est-ce une mouche qui soudain le titille ? Mais non, il vient d'apercevoir d'immenses flammes danser dans le lointain. Les Troyens sont en train de mettre le feu aux navires grecs.

Le guerrier est en panique : sans bateau, il ne pourra jamais rentrer chez lui ! « Cours, Patrocle, cours ! lui dit-il. Va combattre nos ennemis et empêche-les de détruire nos embarcations ! » Après avoir revêtu l'armure éblouissante de son ami, Patrocle retourne sur le champ de bataille. Aussitôt qu'il le voit, Hector fonce sur lui. Les deux hommes luttent comme deux lions affamés. Autour d'eux, Grecs et Troyens s'affrontent toute la journée.

Patrocle tue trois, six, neuf Troyens ! Lorsqu'il tente d'ôter la vie du dixième, le dieu Apollon lui donne un grand coup dans le dos. Le guerrier chavire et perd ses armes. Blessé, Patrocle tente de retrouver son camp. Hélas, il n'échappe pas à Hector, qui l'achève d'un puissant coup de javelot. Lorsqu'Achille apprend l'horrible nouvelle, il plonge, de rage, ses mains dans la cendre du feu.

Son cœur déborde de haine

Il va venger son ami. Avec de nouvelles armes forgées par le dieu Héphaïstos, Achille retourne au combat.

Le visage ravagé par les larmes, il avance en poussant à chaque pas un puissant hurlement qui terrorise les Troyens. Sur le mont Olympe, tous les dieux sont prêts à intervenir pour défendre leur camp préféré. Achille arrive enfin devant Hector. Il lance son javelot. Le Troyen l'évite. Une fois. La seconde, l'arme se plante au milieu de son bouclier. « C'est donc le moment que les dieux ont choisi pour ma mort, souffle Hector. Soit, mais je ne mourrai pas sans courage. » Il sort alors son glaive, mais Achille brandit sa lance étincelante et la plante, là, dans ce petit endroit entre l'épaule et la gorge par lequel s'en va si facilement la vie. Hector s'écroule. Achille triomphe.

Mais la mort de son ennemi ne suffit pas à apaiser sa colère. Il attache son cadavre derrière son char et le traîne dans la poussière.

Le roi Priam est dévoré par la douleur. Son fils est mort et sa dépouille déshonorée. Ce qu'il s'apprête à faire demande un sacré courage. Priam vient implorer l'assassin de son fils. « Achille, lui dit-il en déposant des baisers sur ses mains, pense à la joie qu'a ton père de te savoir vivant, et, maintenant, pense à moi. Aie pitié, rends-moi le corps de mon enfant. »

Et tandis que Priam pleure, Achille se met lui aussi à verser des larmes. L'un pense à son fils, l'autre à son ami. Dans le chagrin sont réunis deux grands héros qui n'ont été, hélas, que les jouets des dieux. Achille rend le corps d'Hector, Priam peut enfin enterrer son fils.

C'est ainsi que s'achève *L'Iliade*, ce récit aussi grand que le monde, qui raconte la dixième année du siège de l'illustre cité de Troie. Bientôt, la guerre prendra fin. Les Grecs devront alors rentrer chez eux. Mais comment retrouver les siens après dix années d'absence ? Comment retrouver la vie, la tendresse et la joie après tout ce sang versé ?

L'ODYSSÉE

La guerre de Troie a fait rage durant dix ans. De grands héros sont morts. Quant aux vivants, ils ont fini par rentrer chez eux. Tous sauf un. Depuis qu'il a quitté Troie, Ulysse erre sur la mer Méditerranée. Poursuivi par la fureur de Poséidon, le dieu des Mers, il va d'île en île, en proie à de redoutables dangers. *L'Odyssée* raconte l'histoire de l'impossible retour d'Ulysse dans son pays d'Ithaque, où l'attendent sa femme, Pénélope, et leur fils, Télémaque. Tu t'apprêtes à découvrir un fabuleux récit qui tourbillonne et saute parfois dans le temps. Comme un tremblement de terre, il secoue l'œil de celui qui le lit. N'aie pas peur et accepte de te perdre dans ce prodigieux voyage !

ILLUSTRATIONS
LÉONARD DUPOND

LA LIBÉRATION D'ULYSSE

Sur le mont Olympe, les dieux se sont réunis. Profitant de l'absence de Poséidon, Athéna décide de plaider la cause d'Ulysse devant son père, Zeus, le roi des dieux. Après moult péripéties et de nombreux naufrages, le roi d'Ithaque est retenu prisonnier par la nymphe Calypso qui refuse de le laisser quitter son île et tente par tous les moyens de le séduire. Des années que ça dure ! Ulysse est au bout du rouleau.

Les yeux d'Athéna sont noirs. « Quand je pense au roi d'Ithaque encore prisonnier de Calypso, mon cœur se déchire », dit-elle en regardant son père droit dans les pupilles. La déesse est écœurée par le sort réservé au pauvre Ulysse. Combien de tempêtes et de monstres a-t-il affrontés depuis qu'il a quitté Troie ? Ne serait-il pas temps de le laisser rentrer chez lui ? Alors non, Athéna n'est pas près de lâcher le morceau : « Grand maître de l'Olympe, as-tu oublié Ulysse, l'homme qui t'a honoré tant de fois lorsqu'il combattait à Troie ? »

Évidemment que Zeus n'a pas oublié ce mortel si malin, si vif, si rusé ! Mais comment contrer la colère de Poséidon ? Depuis qu'Ulysse a crevé l'œil de son fils, le Cyclope Polyphème, le dieu veut sa peau. Que faire ? Zeus réfléchit. Ulysse a certes commis de grandes fautes, mais Athéna a raison, ses peines ont assez duré, il doit être libéré. Le roi des dieux remue alors ses lèvres immortelles : « Hermès, toi qui es notre messager, va dire à la nymphe Calypso que nous demandons le départ immédiat de notre cher Ulysse.

Athéna décide de plaider
la cause d'Ulysse devant son père,
Zeus, le roi des dieux.

Hermès arrive sur l'île d'Ogygie.

Qu'il parte en radeau. Le roi d'Ithaque devra se débrouiller seul, il ne recevra d'aide ni des dieux, ni des hommes. » C'est ce qu'on appelle couper la poire en deux !

Hermès chausse ses sandales ailées

Il s'envole aussitôt. Ses souliers d'or le propulsent sur le dos de la mer. Comme un goéland fou à la poursuite de succulents poissons, il plonge et replonge en se laissant porter par les vagues. Enfin, il arrive sur l'île d'Ogygie où habite Calypso. Sans surprise, il trouve la nymphe dans sa grotte. Calmement mais fermement, il lui explique la situation. « Jaloux, vous êtes des jaloux ! répond alors Calypso, à deux doigts de péter un lampion. Qui a sauvé Ulysse alors qu'il était perdu dans le nombril de la mer ? Et maintenant, vous voulez me le reprendre ? Soit, allez-y, arrachez-moi le cœur ! »

Ulysse, qui n'a rien loupé de ce croustillant échange, se met à construire un radeau. Durant quatre jours, il coupe, assemble, taille, polit. Alors qu'il s'apprête à prendre la mer, la nymphe le retient encore quelques secondes. « Va ! lui dit-elle, les jambes chancelantes. Si tu savais les tourments qui t'attendent, tu choisirais de rester avec moi… »

Ulysse ne répond rien. Il fait glisser son radeau sur le sable et s'en va dans un silence d'or caressé par le clapotis des vagues. « Pétard, c'est pas trop tôt ! s'exclame-t-il, fou de joie, en voyant le rivage s'éloigner. Rien à fiche de l'amour des nymphes ! Et maintenant, direction la maison ! » Il vogue sur le dos de la mer durant dix-sept jours. Au matin du dix-huitième, hélas, Poséidon, tout juste rentré du bout de la terre, l'aperçoit sur son petit radeau de bois.

Le dieu des Mers entre dans une colère noire. « Les dieux m'ont trahi ! Ils pensent peut-être que je vais laisser ce ver de terre rentrer chez lui ? Pas question ! » D'un geste rapide, Poséidon lève son trident dans les airs, rassemble les nuages et, d'un même mouvement, agite les vagues, qui montent très haut dans le ciel. Ulysse tremble de peur. Des vents violents, venus des quatre coins du monde, se déchaînent. Le radeau se renverse, Ulysse coule. Alors quoi, sa fin aurait sonné ? Heureusement, il se ressaisit et, d'un coup sec, il remonte à la surface. Deux jours durant, il nage de toutes ses forces pour échapper à la mort, dérivant de-ci de-là par-dessus les flots déchirés d'écume. Au matin du troisième jour, il distingue une forme plate dans le lointain. « Que vois-je ? Une crêpe géante ? se demande-t-il. Mais non ! C'est un bout de terre ferme ! » Son cœur bondit de joie. Il atteint le rivage, fait quelques pas, puis s'effondre sur le sable, épuisé.

Ulysse vient d'arriver sur Schérie, l'île des Phéaciens

Au même moment, Athéna souffle des mots magiques à l'oreille de Nausicaa, la fille du roi de cette nouvelle île : « Nausicaa, va avec quelques amies laver ton linge près du rivage. Tu ne le regretteras pas ! » Ainsi, Nausicaa aux bras blancs et ses amies se rendent près du rivage. Elles dansent, elles font la roue ! Lorsqu'Ulysse se réveille enfin, il fait un bond : « Nu ! Je suis nu comme un ver ! Nom de Zeus, mais qui sont ces femmes : des déesses, des humaines ? » Vite, il s'empare d'un petit morceau de voile échoué sur le sable pour se couvrir un peu. Puis il s'approche. Nausicaa, qui lui trouve un air fort sympathique, le conduit jusqu'au palais de son père.

Lorsqu'Ulysse
se réveille, il fait
un bond : « Nu !
Je suis nu comme
un ver ! »

Le roi des Phéaciens s'appelle Alcinoos. C'est un chic type. Sans même lui demander son nom, il accueille le naufragé à bras ouverts. Et pour lui montrer que les habitants de son pays s'y connaissent en raffinements, il fait organiser de grands jeux en plein air. Lancer du disque, course, lutte, boxe, tout y est ! Très vite, des danseurs et des musiciens se mêlent aux sportifs.

Émerveillé, Ulysse se sent tout à coup d'humeur à se plonger dans le passé. Cela tombe extrêmement bien, car il vient de reconnaître dans la foule un poète très talentueux, l'aveugle Démodocos. Ulysse l'interpelle en lui lançant ces mots qui courent jusqu'à ses deux oreilles :

« Toi qui chantes si bien, raconte-nous comment les Grecs se sont emparés de la puissante ville de Troie, et n'oublie pas la fameuse histoire de l'animal ! C'était une grenouille, je crois ? demande le malin Ulysse pour s'assurer du sérieux du poète.

– Non, un cheval », répond alors Démodocos en fendant la foule. Puis il se met à raconter, agacé par la ruse mais ravi d'avoir été reconnu.

Démodocos commence son récit à la fin du siège de Troie

La nuit, lentement, vient de tomber sur le soir. Les Grecs, bizarrement, sont remontés sur leurs bateaux. Au même moment, un cheval de bois, immense, magnifique, est arrivé devant les portes de Troie. Les habitants, curieux, tirent l'animal à l'intérieur de la cité. Et maintenant, que faire ? le percer d'une immense lance ? le jeter du haut d'une falaise ? ou l'honorer comme un cadeau envoyé par les dieux ? Hélas, c'est cette troisième idée qui l'emporte. Malheur à vous, Troyens naïfs ! Les Grecs n'ont pas mis les voiles, ils ont fait semblant de partir ! Ce cheval est une ruse inventée par Ulysse, caché dans son ventre de bois avec plusieurs de ses compagnons.

Lorsque les habitants sont plongés dans le sommeil, les Grecs sortent de la bête, ils ouvrent les portes de la ville et font entrer leurs amis. Puis ils se faufilent dans le noir et pénètrent dans les maisons. À tour de bras, les yeux exorbités, ils pillent, ils frappent, ils tuent. C'est un véritable carnage. Les Grecs gagnent la guerre. Troie tombe enfin. Tandis que Démodocos poursuit son récit, Ulysse se met à pleurer. Il pense à Agamemnon, à Ménélas et à tous ceux qui sont morts. Il pense au terrible massacre que les Grecs ont commis cette nuit-là. Il a honte. Il se souvient de l'homme qu'avant la guerre il a été.

Immédiatement, le bon roi Alcinoos tente de le consoler : « Étranger, raconte-nous les malheurs qui t'ont conduit ici. Je le vois dans tes yeux, il y a au fond de tes pupilles des orages, des tempêtes, des créatures féroces et partout la mort. Qui es-tu ? »

L'homme aux mille ruses sèche alors ses larmes : « Je m'appelle Ulysse et je suis le roi d'Ithaque. Je peux vous raconter mon histoire, mais par où commencer ? Accrochez vos sandales, ça va décoiffer ! » ||

ULYSSE ET LE CYCLOPE

Grâce à la ruse du cheval de Troie, les Grecs ont gagné la guerre. Mais le pauvre Ulysse n'est pas pour autant tiré d'affaire. Depuis dix ans, il tente, en vain, de rentrer chez lui, à Ithaque. Après bien des mésaventures, il échoue sur l'île du roi Alcinoos. Que lui est-il arrivé durant toutes ces années? Ulysse raconte son voyage. Il commence son récit au moment où, accompagné de tous ses hommes, il a quitté les rives de la cité de Troie.

Douze bateaux traversent la mer Égée. Sur la mer rosie par le soleil qui se lève, Ulysse et ses hommes font route vers Ithaque. Bientôt, ça y est, ils aperçoivent le cap Malée, tout au sud de la Grèce. Derrière cette montagne de rochers, c'est une autre mer, immense, dangereuse. Zeus seul sait ce qui pourrait arriver. Les navires avancent. Le cœur d'Ulysse bat très fort dans sa poitrine. Un, trois, huit, neuf, dix, onze et douze. Ouf. Tous les navires ont passé le cap. Le roi d'Ithaque regarde le ciel: il est bleu. Et la mer? Elle est calme. «Youpoï! s'exclame-t-il. Notre île n'est plus très loin. Allez, les gars, toutes voiles dehors, on fonce!»

À peine prononce-t-il ces mots qu'un vent terrible se lève. La mer gonfle. Pendant neuf jours, tempêtes, ouragans, cyclones et typhons se succèdent. Ulysse et ses compagnons ont basculé dans un autre monde, qui n'est plus celui des humains. Ici vivent de drôles de créatures, ici la nuit est toujours plus forte que le jour. Le dixième jour, derrière les nuages, une terre apparaît à l'horizon.

Nos aventuriers sont arrivés au pays des Lotophages

Une fois débarqués, Ulysse envoie trois hommes en éclaireur. Qui sait, les habitants de cette nouvelle contrée auront peut-être envie de les croquer comme des poulets grillés ?

Ulysse a raison de se méfier, mais il est légèrement à côté de la plaque. Les Lotophages ne goûtent jamais aux cuissots humains, non, ils se régalent de fruits aussi doux que le miel, qui provoquent l'oubli ! Ses trois camarades sauront-ils résister à la tentation ? La réponse est non. Aussitôt qu'ils rencontrent les habitants du coin, ils se jettent sur leurs fameux « lotos » magiques. Sans surprise, ils sont immédiatement enveloppés du redoutable brouillard de l'oubli. Quelle sensation étrange… Ils ne se souviennent absolument plus de rien : ni de leur famille, ni d'Ithaque, ni, bien sûr, du chemin du retour. La barbe ! Ulysse est obligé de les ramener aux bateaux par la peau du cou ! Bon, allez, il est temps de reprendre la mer !

Le vent fait rigoler les vagues qui poussent les bateaux et les portent jusqu'à une île que nos aventuriers ne sont pas près d'oublier. Enfin, ceux qui en reviendront vivants, bien sûr…

Devant eux s'étend une terre sauvage remplie de forêts effrayantes où vivent d'affreux géants qui grognent et n'ont qu'un seul œil, au milieu du front…

Ils se régalent de fruits
aussi doux que le miel,
qui provoquent l'oubli !
Ses camarades sauront-ils
résister à la tentation ?

On les appelle les Cyclopes ! La nuit vient de tomber. Elle est sombre. Que faire ? « Et si on commençait par piquer un petit roupillon ? » propose le roi d'Ithaque. On aurait pu s'attendre à autre chose, mais, après tout, pourquoi pas ?

Le lendemain, Ulysse prend la parole : « Camarades, nous allons explorer cette nouvelle terre. Par prudence, je ne partirai qu'avec quelques hommes. Les autres, attendez-nous ici ! »

C'est ainsi que treize petits bonshommes s'élancent dans la forêt, les uns derrière les autres, en faisant craquer les épines de pin. Tiens, mais qu'est-ce qui se balance, là, accroché à la ceinture d'Ulysse ? Ça par exemple, une gourde remplie de vin ! Qui aurait cru que le roi d'Ithaque était du genre soiffard ?

Ils arrivent à l'entrée d'une grotte couverte de magnifiques lauriers-roses

Ici habite Polyphème, l'un de ces fameux géants effrayants. Ulysse jette un œil à droite, puis à gauche. Pas de Cyclope à l'horizon. Ils entrent.

La grotte est sombre, humide et – surprise ! – remplie de provisions ! Sur de grandes étagères sont entreposés des centaines de fromages, des pâtés, des jambons. « Allez, Ulysse, on pique quelques bons frometons, et on se tire ! » propose l'un de ses camarades. Ma foi, il a diablement raison ! Mais quelque chose retient Ulysse : il veut le voir de plus près, ce fameux Cyclope, avec son œil au milieu du front… Soudain, le sol se met à trembler. Par tous les Zeus, il arrive ! Et il n'est pas tout seul : Polyphème est accompagné d'un troupeau de moutons. Incroyable, le Cyclope est berger !

La grotte
est sombre,
humide et
– surprise ! –
remplie de
provisions !

Ulysse flaire
tout de suite
le mauvais
coup.

Lorsqu'il fait entrer toutes ses bêtes à l'intérieur de la grotte, il la referme avec une énorme pierre. Puis il allume un grand feu. C'est là, à travers les flammes qui dansent, qu'il aperçoit nos aventuriers : « Étrangers, qui êtes-vous ? » demande-t-il d'une voix qui fait trembler les murs. Ulysse et ses compagnons sont terrifiés. « Nous sommes grecs et revenons de Troie, où nous avons fait la guerre, explique courageusement le roi d'Ithaque. Offre-nous l'hospitalité, ainsi le voudraient les dieux ! »

Le Cyclope entre dans une colère noire

« Tu es tombé sur la tête, ou quoi ? demande le monstre. Chez les Cyclopes, on se fiche des immortels, car nous sommes plus forts qu'eux ! Mais dis-moi plutôt : où as-tu jeté l'ancre de ton bateau ? Tu as d'autres compagnons, j'imagine ? »

Ulysse flaire tout de suite le mauvais coup. « Mon bateau, lui répond-il en filoutant bien comme il faut, eh bien, il a coulé ! Les seuls survivants se trouvent là, sous tes yeux. Enfin… sous ton œil ! »

Ulysse n'a pas le temps de finir sa phrase que le Cyclope attrape deux Grecs par les pieds. Il leur casse la tête sur une pierre, puis il les fait glisser dans son gosier. Le monstre croque, mâche, mastique. C'est un spectacle répugnant. « Oups…, pense alors Ulysse. Tout compte fait, je ne sais pas si on a bien fait de rester. »

Toute la nuit, son cœur brûle du feu de la vengeance. Plusieurs fois, il sent sa main glisser sur son glaive, mais il se retient. « L'entrée est bouchée par cette immense pierre. Si le Cyclope meurt, nous sommes faits comme des rats. » Le lendemain, le Cyclope avale deux autres Grecs au petit déjeuner. Puis il s'en va faire paître ses moutons dans la montagne. Ulysse et ses camarades se regardent. Que faire ?

Pas de panique, le roi d'Ithaque a un plan. Au fond de la grotte, Ulysse a repéré une immense massue de bois d'olivier. Grâce à cette arme, les Grecs vont crever l'œil du géant ! Toute la journée, ils taillent l'immense bâton jusqu'à le rendre extrêmement pointu. Après le retour du Cyclope, alors que celui-ci est en train de croquer deux autres humains pour son goûter, Ulysse s'approche de lui : « Dis-moi, Polyphème, c'est un peu sec la viande d'humain, non ? Pour arroser ton repas, bois ce merveilleux vin que j'ai apporté. »

La gourde ! Évidemment, elle n'était pas pour lui !

D'un trait, le monstre boit le liquide. Il adore !

« Ressers-moi, étranger ! Et dis-moi ton nom, car j'ai moi aussi un cadeau pour toi.

– Mon nom ? Eh bien… mon nom est Personne », répond le malin Ulysse.

Alors le cruel Polyphème ajoute en riant : « Je mangerai donc Personne en dernier, c'est ça mon cadeau. » Puis il s'effondre par terre. C'est le vin, ça fait roupiller !

Vite, il faut mettre le plan à exécution ! Le roi d'Ithaque fait chauffer la pointe de son arme sur le feu. Lorsqu'elle est brûlante de chez brûlante, il l'enfonce dans la pupille de Polyphème. Le monstre pousse un terrible hurlement qui alerte tous les Cyclopes de l'île. Aussitôt, ils se précipitent devant la grotte. Tous veulent savoir : qui est en train de lui faire du mal ? « C'est Personne, répond Polyphème. Je meurs et Personne me tue ! »

Ah bon, personne ? Si personne ne lui fait du mal, que peuvent-ils bien faire ? Rien. Alors ils s'en vont… Pas vraiment fute-fute, cette bande de Cyclopes !

Dans sa caverne, Polyphème continue de se tordre de douleur. Il ne voit plus rien, mais il a encore ses mains. Il les agite dans tous les sens ! Va-t-il attraper nos aventuriers ? Eh non ! Ce filou d'Ulysse a tout prévu. Les Grecs se sont cachés sous le ventre des moutons. Accrochés à leur épaisse laine, ils attendent le lever du jour.

Et ainsi, le lendemain, lorsque Polyphème fait sortir son troupeau, sans s'en rendre compte, il libère tous nos aventuriers, qui courent à toute vitesse jusqu'à leur dernier bateau.

Mais Ulysse, soudainement, s'arrête. Que se passe-t-il ? A-t-il oublié son slip ? « Eh, le Cyclope ! crie-t-il alors à s'en faire éclater les poumons. Si un jour on te demande qui t'a crevé l'œil, n'oublie pas de répondre que c'est Ulysse ! » Ô vanité, tu fais faire tellement d'erreurs aux humains… Évidemment, le Cyclope est fou de rage. Tandis que les Grecs quittent le rivage, Polyphème appelle son père à la rescousse : « Venge-moi, Poséidon, fais pleuvoir une avalanche de malheurs sur ce maudit Ulysse ! »

Ainsi, depuis ce jour, Poséidon poursuit Ulysse de toute sa fureur.

CIRCÉ, LA MAGICIENNE

Ulysse poursuit le récit de ses aventures. Après avoir résisté aux fruits magiques des Lotophages, le roi d'Ithaque et ses compagnons ont débarqué sur l'île des Cyclopes. Alors qu'ils étaient faits prisonniers par Polyphème, le monstre qui menaçait de les dévorer jusqu'au dernier, Ulysse a réussi à lui crever l'œil. Les Grecs ont fini par s'échapper mais ils ne sont pas au bout de leurs peines. Fou de douleur, le Cyclope a demandé à son père, le dieu Poséidon, de le venger.

Sur la mer, le bateau d'Ulysse avance. Le roi d'Ithaque a les traits tirés, et puis il ne sent pas vraiment la rose. Notre héros est fatigué. Et tandis qu'il plonge ses yeux tristes dans le vaste ciel, son bateau heurte un bout de terre ferme. Nos aventuriers viennent d'accoster sur l'île d'Ayayé. Ici vit la dangereuse magicienne Circé. Comment ! Encore un nouveau péril ?

Effrayés, abattus, les Grecs restent couchés deux jours sans oser bouger. Au matin du troisième jour, le roi d'Ithaque reprend du poil de la bête : « Haut les cœurs, mes amis ! Ne nous laissons pas abattre ! Nous allons nous séparer en deux groupes : l'un sera dirigé par Euryloque, l'autre par moi. » Tiré au sort, Euryloque part en premier, la boule au ventre, accompagné de la moitié de l'équipage.

Ils traversent une forêt sombre. Enfin, ils arrivent devant le palais de la magicienne. Des lions et des loups se promènent tout

Elle agite
sa baguette d'or.
Immédiatement,
les Grecs
se transforment
en cochons !

autour. Ça alors, au lieu de se jeter sauvagement sur nos aventuriers, ils s'approchent, aussi doux que des agneaux, en remuant la queue. Ils ont été ensorcelés, c'est sûr !

Dans son palais, Circé se met à chanter

Sa voix est si pure qu'elle touche les Grecs en plein cœur. En plus, elle est renversante de beauté. Séduits, ils entrent. Seul le sage Euryloque décide de rester dehors. Il a sans doute flairé une embrouille ! Circé leur sert un verre de vin étrange, qui contient de la farine, du miel, du fromage et, bien sûr, un philtre magique ! Tous l'avalent d'un seul trait. Au même moment, elle agite sa baguette d'or ! Immédiatement, les Grecs se transforment. Leurs mains et leurs pieds deviennent des sabots, leur nez se change en groin, ils rapetissent. Catastrophe ! Ils se sont métamorphosés en cochons ! Paniqués, ils crient, mais c'est trop tard, plus personne ne peut les comprendre. Ils sont désormais de la chair à jambon. Euryloque, qui a suivi toute la scène, retourne au bateau en courant. Complètement sous le choc, il a du mal à parler : « Magicienne… Potion… Groin-Groin… Horrible ! »

Par je ne sais quel miracle, Ulysse comprend le message. Vite, il saisit son glaive et part à toutes jambes sauver ses camarades. Dans la forêt, il rencontre le dieu Hermès : « Tu vas chez la magicienne, je suppose ? lui demande le messager de l'Olympe. Alors mange cette herbe : elle te protégera de la potion que Circé te fera boire. Et si cette dernière cherche à te séduire, surtout, ne refuse pas ses baisers. Elle seule peut libérer tes compagnons. » Sur ces mots, Hermès s'envole vers l'Olympe et Ulysse poursuit son chemin.

Lorsqu'il arrive devant le palais, Circé le fait entrer et lui propose son breuvage magique. Ulysse vide sa coupe en regardant l'enchanteresse droit dans les yeux. Elle agite sa baguette. Il sourit. Rien ne se produit. Enfin, si : Ulysse tire son glaive et bondit sur elle comme un tigre.

« Qui es-tu ? Jamais aucun mortel n'a résisté à ma magie ! crie-t-elle pour se défendre. Je t'en supplie, ne me tue pas, laisse-moi plutôt te couvrir de baisers !

– Accepter tes caresses ? répond alors Ulysse. Je ne suis pas contre… Mais jure-moi par le grand serment des dieux que tu ne me feras aucun mal ! »

La magicienne promet, Ulysse accepte ses baisers. Puis elle libère ses compagnons. Ouf ! Porter le groin, ça va cinq minutes ! Puisque les cœurs sont à la fête, Circé fait servir un succulent festin. Le jour appelle la nuit, qui entraîne le jour et rappelle la nuit. Ulysse et ses hommes passent une année délicieuse sur l'île d'Ayayé.

Un soir, allongé dans le lit de la magicienne, Ulysse sent comme une pierre lui peser sur le cœur. « Circé, lui dit-il, il est temps pour moi de partir. » Tendrement, celle-ci finit par répondre : « C'est entendu, Ulysse. Mais, avant, tu dois te rendre jusqu'à la demeure d'Hadès, le dieu des Enfers. Là-bas, interroge l'âme de Tirésias, le grand devin aveugle. Il aura sûrement des choses à te dire. »

C'est ainsi qu'Ulysse et ses hommes retrouvent leur bateau

Aller jusqu'aux Enfers ? On ne peut pas dire que les Grecs s'en réjouissent. Mais ont-ils le choix ? Poussé par le vent, leur navire

Ulysse vide
la coupe
que lui tend
Circé.

Ulysse veut entendre les sirènes ! Il se fait ligoter au mât du bateau avec des cordes extrêmement solides.

atteint les limites de l'Océan. Tout à coup, le ciel se couvre de nuages noirs. « Nous sommes arrivés chez Hadès ! » lance Ulysse. Maintenant, comment trouver Tirésias ? Heureusement, juste avant de partir, Circé lui a indiqué le chemin : « Marche jusqu'à trouver un gros rocher. Là se croisent le Cocyte et le Phlégéthon, deux rivières qui s'engouffrent sous terre pour rejoindre l'un des fleuves des Enfers. Creuse un trou profond à cet endroit et verse-y du lait, du miel, du vin et de la farine blanche, offre aux morts un agneau et une brebis en sacrifice, puis tourne tes yeux vers les eaux du fleuve. Tirésias remontera des Enfers et viendra à toi. » Ulysse et ses hommes suivent le chemin indiqué. Après avoir accompli tous les rites sacrés, ils attendent. Une première âme s'approche, puis une autre, et apparaît enfin celle du devin. « Pourquoi viens-tu ici, Ulysse, dans l'obscurité et les profondeurs ? Ah oui, c'est vrai ! Tu souhaites rentrer chez toi. Eh bien, c'est très mal parti ! Écoute-moi bien : lorsque tu arriveras sur l'île du Dieu Soleil, tu verras des vaches et des moutons sacrés. Surtout, n'y touche pas… Sinon, bonjour la catastrophe ! »

Dans les veines d'Ulysse, le sang se glace. Les Grecs retournent au bateau, puis ils reprennent la mer sans prononcer un seul mot. Attention, la suite risque de secouer.

Nos aventuriers s'approchent de l'île des Sirènes

Les Sirènes sont des monstres redoutables. Moitié oiseaux, moitié humaines, elles ensorcellent les marins en glissant dans leurs oreilles de magnifiques chants. Celui qui se laisse séduire et accepte de les suivre est perdu à jamais. Qu'importe ! Ulysse veut les entendre ! Pour protéger ses camarades, il bouche leurs oreilles avec de la cire, puis il se fait ligoter au mât du bateau avec des cordes extrêmement solides. Soudain, le vent tombe. Les Sirènes arrivent. Elles se mettent à chanter : « Ulysse, toi qui es la gloire de tous les Grecs, écoute notre chant ! Rejoins-nous ! »

Jamais notre héros n'a ressenti une joie aussi intense. Il est comme ivre de bonheur ! Évidemment qu'il veut rejoindre les Sirènes. « Détachez-moi, bande de saucissons en sandales ! » crie-t-il à ses compagnons. Ces derniers continuent de ramer. L'île finit par s'éloigner et avec elle disparaît le chant des Sirènes. Les compagnons retirent alors leurs bouchons de cire et libèrent Ulysse de ses cordes. Hélas, la mer aussitôt s'agite. Les vagues montent et descendent, le ciel se remplit de vapeurs. Nos aventuriers sont coincés entre deux rochers : ceux de deux créatures monstrueuses, extrêmement dangereuses… Mais qui sont-elles ?

Charybde et Scylla !

Scylla attaque en premier. Notre héros cligne des yeux. « Sapristi, mais elle a six têtes et douze pieds ! Où trouve-t-elle toutes ses chaussures ? » Tandis qu'elle attrape quelques Grecs pour les dévorer, Charybde fait son apparition. Elle est encore pire que Scylla, car elle avale la mer et tout ce qu'il y a dessus ! Autour d'elle, l'eau est pleine d'écume, elle bout comme dans un gros chaudron. Lorsqu'ils ont enfin réussi à fuir ces deux horribles créatures, les Grecs arrivent devant la merveilleuse île du Dieu Soleil. Ainsi que l'a prédit le devin Tirésias, dans les prairies broutent de magnifiques vaches et de gentils moutons. Les compagnons d'Ulysse, affamés, se jettent sur les animaux. Exactement ce qu'il ne fallait pas faire ! Aussitôt qu'ils reprennent la mer, Zeus fait périr tous les compagnons d'Ulysse, puis il brise son bateau. Seul survivant, Ulysse dérive au milieu des flots. Il échoue dix jours plus tard sur l'île de la nymphe Calypso. Tu connais la suite de l'histoire…

Et c'est ainsi qu'Ulysse achève son récit

Ému, le roi Alcinoos lui propose de le conduire jusqu'à son île. Vingt ans après son départ, le revoilà enfin chez lui ! Oui, enfin… minute, papillon ! De nouvelles épreuves l'attendent à Ithaque. D'affreux hommes rôdent autour du trône. Ils pressent Pénélope d'épouser l'un d'entre eux, car ils veulent s'emparer du pouvoir. Avec l'aide de son fils Télémaque et, bien sûr, de sa fidèle Athéna, Ulysse les zigouille tous, l'un après l'autre. Débarrassés de tous les prétendants, Ulysse et Pénélope se retrouvent enfin. Fini le temps de la guerre, adieu les monstres, les tempêtes et les Enfers ! Télémaque a de nouveau un père, et Ithaque un roi. Ulysse a retrouvé sa patrie. Il est redevenu un homme parmi les hommes.

Ainsi se termine *L'Odyssée*, un récit plein de tempêtes, de colère et de monstres, l'histoire de l'incroyable périple d'Ulysse, le plus malin de tous les Grecs.

ROBINSON CRUSOÉ

En 1651, un jeune homme originaire de la ville de York, en Angleterre, échappe à un tragique naufrage. Seul rescapé, il finit par échouer sur une île déserte. Son nom : Robinson Crusoé. Entouré d'une nature apparemment hostile, il lutte pour sa survie. Comment résister à la faim, au froid, aux bêtes sauvages ? Comment ne pas perdre la boule lorsqu'on se retrouve tout à coup seul et loin de tout ? Voici l'étonnante histoire d'un homme qui, par accident, connut un destin extraordinaire.

ILLUSTRATIONS
ALINE BUREAU

TRAVERSÉES ET NAUFRAGES

Le 1er septembre 1651, le jeune Robinson Crusoé part à l'aventure. Sans prévenir personne, il quitte sa ville de York, au nord de l'Angleterre, et saute sur un bateau, direction Londres. Hélas, la mer n'est pas toujours docile. Robinson fait naufrage, mais ne renonce pas. Arrivé à Londres, il rencontre un capitaine qui s'apprête à partir pour la côte ouest de l'Afrique. Robinson décide de le suivre!

Robinson a quitté l'Angleterre depuis plusieurs semaines, pourtant rien ne lui manque. Ni les tasses de thé, ni le brandy, ni même les *fish and chips*. Le navire fonce, toutes voiles dehors, en direction du sud. Bientôt, ils atteignent le nord de l'Afrique.

Mauvaise surprise…

Arrivé au large des îles Canaries, l'équipage est attaqué par une bande de pirates. On fait tirer les canons. Rien n'y fait! Les bandits des mers ne lâchent pas l'affaire. Parvenus tout près du bateau, ils crient: «À l'abordage!»

Robinson sort son sabre et se jette dans la bataille. Hélas, ces canailles sont plus fortes! L'équipage est capturé, Robinson devient leur prisonnier. De retour sur la terre ferme, le capitaine des pirates décide d'en faire son esclave.

Chaque jour, Robinson pense à s'échapper. Mais notre héros est aussi malin que patient: il sait qu'il doit attendre le bon moment

Robinson sort
son sabre
et se jette dans
la bataille.

Robinson
observe le ciel.
Le firmament
est dégagé,
pas un nuage
à l'horizon !

pour réussir. Deux années passent avant qu'une occasion se présente. Un matin, alors qu'il est envoyé pêcher au large, il parvient à jeter par-dessus bord le pirate qui le surveille ! Robinson prend le contrôle du bateau. Ça y est, il est libre !

Il navigue vers le sud. Vingt jours plus tard, aux environs du Cap-Vert, il croise un bateau portugais en route pour le Brésil. Sans hésiter, il rejoint l'équipage. Une nouvelle vie commence ! Que fera-t-il une fois là-bas ? Bonne question…

À peine débarque-t-il que Robinson trouve la réponse. Au Brésil, beaucoup d'Européens possèdent des plantations de canne à sucre. Notre héros, qui souhaite devenir riche, achète alors de grandes terres. Quatre années passent. De nombreux esclaves travaillent sous ses ordres. Il aurait pu faire d'autres choix, lui qui, il n'y a pas si longtemps, rêvait de se libérer de ses fers ! Mais non, Robinson ne pense qu'à se remplir les poches ! En échange d'un sacré pactole, il accepte d'accompagner des marchands en Guinée, sur la côte ouest de l'Afrique, pour acheter des esclaves.

Le navire quitte les côtes du Brésil

Le 1er septembre 1659, la longue et périlleuse traversée de l'océan Atlantique commence. Pendant la nuit, sur le pont, Robinson observe le ciel pour connaître la météo du lendemain. Entre nous, c'est vrai qu'il a eu son quota de tempêtes ! Robinson compte les étoiles… Ouf, elles sont toutes là, le firmament est dégagé, pas un nuage à l'horizon ! Rassuré, il descend dans sa cabine pour se coucher. Hélas, sous la mer, les algues dansent le cha-cha-cha. Le vent se lève, un ouragan de tous les diables déchire soudain le ciel et l'océan. À bord, la vigie sonne la cloche : « Réveillez-vous, bande de feignasses ! Y a maxi-tempête, là ! »

Tous les membres de l'équipage se précipitent sur le pont. Oh là là ! Ça bouge dans tous les sens ! Les vagues sont immenses et gonflées, le navire valdingue à droite et à gauche, Robinson a du mal à garder l'équilibre. « Purée, mais c'est pas vrai ! crie-t-il en levant les yeux vers le ciel. Pourquoi n'ai-je jamais droit à une traversée pépouze, les doigts de pied en éventail ? »

Poussé par des courants très violents, le navire dérive pendant plusieurs semaines. Il remonte plus au nord, vers la Guyane et le Venezuela, pas très loin de l'endroit où se jette le majestueux fleuve Orénoque. L'équipage navigue désormais en dehors de toutes les routes maritimes connues. L'inquiétude se lit sur les visages.

Un matin, une terre apparaît enfin à l'horizon

Mais, catastrophe, voilà que le bateau heurte un banc de sable. Vu l'agitation des flots et la fureur du vent, la coque va finir par se briser en mille morceaux, c'est sûr. L'équipage décide de rejoindre la terre ferme à bord d'une chaloupe de sauvetage qu'on jette pardessus bord : et hop !

Installés dans la barquette, les hommes claquent des dents, ils rament de toutes leurs forces. L'opération se déroule à peu près correctement lorsque, soudain… la tempête reprend de plus belle ! Une vague gigantesque, plus grande encore qu'une montagne, renverse la chaloupe. Robinson est expulsé hors de l'embarcation. Il vole dans les airs avant de retomber brutalement dans la mer en faisant un énorme plouf.

Installés dans leur chaloupe, les hommes rament de toutes leurs forces.

ROBINSON CRUSOÉ

À peine conscient, il se bat comme un forcené contre les vagues en furie. Il arrive enfin sur le rivage. Il pose ses deux petits pieds sur un bout de sable humide mais chaud.

Robinson tousse. Bouche grande ouverte, il recrache des litres d'eau. Ma parole, on dirait les fontaines de l'hôtel Bellagio à Las Vegas ! Le pauvre cligne des yeux, puis regarde autour de lui : il est arrivé sur une île magnifique, façon Caraïbes, avec du sable blanc, de petits crabes rouges, d'étonnantes plantes, une grande montagne et beaucoup d'arbres verts.

Péniblement, il se met à marcher. Où sont passés les autres membres de l'équipage ? Ils sont morts. Tous ? Hélas, oui. Robinson est le seul survivant. Un sentiment vertigineux l'envahit. Il réalise qu'il vient d'échapper à la mort.

Robinson est vivant, mais il se retrouve dans une situation absolument affreuse. Le voilà seul, le slip et les chaussettes trempés, sur une île inconnue.

Comment va-t-il survivre ? Que va-t-il découvrir sur cette île : un trampoline géant, une piscine à balles ou d'affreuses bêtes sauvages ?... ⏸

Robinson est le seul survivant.

SEUL SUR UNE ÎLE DÉSERTE

Après avoir quitté son pays, après avoir été capturé par des pirates, après quelques années passées au Brésil, Robinson Crusoé reprend la mer. Son navire, hélas, fait naufrage. Notre aventurier finit par échouer sur une île déserte au large du Venezuela. Tous les autres membres de l'équipage ont péri. Unique rescapé, Robinson se retrouve face au plus grand défi de son existence : survivre seul sur cette île inconnue.

Robinson a échoué sur la plage et doit trouver un refuge. La nuit ne va pas tarder à tomber. Vite, il grimpe au sommet d'un arbre. Excellente idée ! Si des bêtes féroces décident de pointer le bout de leur nez, il est peu probable qu'elles soient championnes du monde de saut à la perche ! À bout de force, Robinson s'endort, épuisé. Ses ronflements se mêlent – pas très gracieusement, il faut bien le dire – au ronron nocturne de l'île.

Lorsqu'il se réveille le lendemain, le soleil est déjà très haut dans le ciel. La mer est calme, bleu clair, presque transparente. Robinson aperçoit son bateau au loin : « Il faut à tout prix que j'aille récupérer des affaires avant qu'il coule », pense très justement notre camarade aventurier. Sans attendre, il se jette dans l'eau. Quel délice ! Il commençait à faire sacrément chaud sur la plage, façon cocotte-minute ! Robinson fait le tour du bateau à la nage. Ses yeux tombent enfin sur un bout de corde qui pendouille. Oh hisse, la saucisse ! Il grimpe à l'avant du bateau. Bingo ! Il y trouve des denrées extrêmement précieuses.

Pour rapporter un maximum d'objets sur le rivage, il fabrique un radeau. Puis il commence à y charger des provisions : du riz, du pain, des fromages de Hollande, des gigots de chevreau et toutes sortes de liqueurs. Ensuite, des vêtements, des outils, des armes et des munitions. Son radeau plein à craquer, il conduit sa cargaison jusqu'au rivage.

D'autres trajets suivent. Ils lui permettent de rapporter, entre autres, un hamac, un matelas, des couvertures, et même un petit coffre rempli de pièces d'or. Ça alors ! À quoi va lui servir tout cet argent ? Mystère et boule de pièces brillantes !

Robinson regarde autour de lui. « C'est bien beau d'avoir des objets à gogo, pense-t-il, mais il faut maintenant que je nous protège, moi et toutes mes richesses ! »

L'aventurier se lance dans la construction d'une habitation

Il fabrique une tente qu'il entoure d'une double palissade extrêmement haute et épaisse. Pour mettre ses provisions à l'abri, il creuse une grotte dans la roche.

Bien installé et sacrément bien protégé, il peut maintenant sortir se dégourdir les jambes. Un fusil sur l'épaule, il fait une petite ronde. Il répète l'opération tous les jours, mais, à part quelques chèvres, il ne croise jamais personne. Cette île, pourtant paradisiaque, il la trouve affreuse : il l'appelle « l'île du Désespoir ». Pour s'occuper,

Son radeau
plein à craquer,
il conduit
sa cargaison
jusqu'au rivage.

ROBINSON CRUSOÉ

Robinson continue ses travaux. Sa double palissade se transforme en véritable muraille, il agrandit sa grotte, il fabrique une table et une chaise, puis il commence à écrire un journal à qui, chaque jour, il confie – de canard – son chagrin et ses peines.

Les semaines, les mois passent. Robinson tente d'apprivoiser quelques pigeons. Il pose des questions à des brins d'herbe et essaie d'engager la conversation avec des pommes de pin. Mais ces satanés végétaux ne répondent jamais. Quelle impolitesse ! Alors, de temps en temps, c'est normal, il perd son sang-froid : « Dis donc, le pissenlit, on a perdu sa langue ? »

Peu à peu, Robinson s'habitue à sa nouvelle vie. Il n'espère plus retrouver, un jour, la compagnie des hommes. Il bricole. Il chasse, il fait pousser de l'orge. Sa grotte, qu'il a continué d'agrandir et d'aménager, est devenue assez vaste pour lui servir de logement. Elle comprend désormais une salle à manger, une cuisine, un cellier. Robinson se sent rudement fier du travail accompli. Ce n'est pas tout à fait le bonheur, mais enfin, ça y contribue !

On pourrait croire que les affaires s'arrangent pour le pauvre Robinson. Hélas, l'aventurier va affronter successivement trois très gros coups durs…

Un matin, Robinson sent le sol et les murs de sa grotte trembler

De tous les côtés, des armées de cailloux dévalent le long des collines avant de se fracasser par terre, rebondissant en des milliers de petits morceaux aussi pointus que des poignards volants. « Purée ! s'écrie notre héros. Pas le coup du tremblement de terre ! »

Peu à peu,
Robinson s'habitue
à sa nouvelle vie
sur son île.

Robinson ose
enfin s'aventurer
en territoire
inconnu.

Et pourtant si. Vite, il s'échappe de sa forteresse, de crainte d'y être enterré vivant. Il sent passer trois secousses extrêmement violentes. Il glisse, il se cogne, il a mal, il a peur. Là-dessus, le ciel vire au sombre. Le tonnerre gronde, le vent déracine les arbres. «Et en plus un ouragan? s'écrie Robinson. Mais c'est pas possible, à la fin!» Le pauvre n'en peut plus. Cette affreuse tempête dure plus de cinq heures. Enfin, le ciel semble retrouver quelques bonnes couleurs. Une petite pluie fine est en train d'arroser la terre. Robinson éternue. *Mamma mia!* Il a attrapé le rhume. Le rhume? Oh là, non, c'est bien pire!

Robinson tremble, il grelotte, il a la fièvre!

Son front brûle et il transpire des aisselles comme une tranche de mimolette au soleil. Le pauvre se met à délirer. Persuadé qu'il va mourir, il appelle Dieu à son secours! Plusieurs jours horribles passent ainsi. La maladie, enfin, décide de quitter son corps.

Petit à petit, Robinson retrouve des forces. Son esprit est très agité, les mystères de la vie l'angoissent: «D'où vient le monde? Qui a créé la Terre, les hommes et les animaux? Qui suis-je?» Espérant y trouver quelques réponses, il se met à lire la Bible.

Lorsqu'il est complètement rétabli, il décide de se lancer dans une grande exploration de l'île. À la bonne heure! Il était temps! Pour la première fois depuis son arrivée, Robinson s'éloigne de sa forteresse et de la plage, et ose s'aventurer en territoire inconnu.

Le premier jour, il remonte une petite rivière. Il découvre de belles savanes et de très jolies prairies près desquelles poussent d'énormes plantes d'agave et des cannes à sucre sauvages.

ROBINSON CRUSOÉ

Le lendemain, Robinson pousse son exploration un peu plus loin. Il arrive dans une magnifique vallée, remplie d'arbres, de fleurs et de fruits ! Il trouve de superbes cacaotiers, des orangers et des citronniers sauvages. « Du citron ? Génial ! s'exclame-t-il, ravi de sa découverte. C'est parfait pour assaisonner la viande de tortue grillée ! » L'aventurier est pris d'un sentiment nouveau. Il est euphorique. « Dire que toutes ces terres m'appartiennent ! Dire que j'en suis le maître ! » crie-t-il, avec les yeux qui brillent. Robinson court partout en chantant, il rit, il danse devant les fleurs. « Alors, mes cocottes, c'est qui le roi de l'île ? » leur demande-t-il à grand renfort de postillons. Ma parole, notre ami est en train de perdre la boule !

Cela fait un an que l'aventurier est arrivé sur l'île. « Joyeux anniversaire, Robinson », se souhaite-t-il en soufflant sur quelques bougies imaginaires. En douze mois, il a beaucoup appris. Il sait désormais fabriquer des paniers et des bougies, il est passé maître dans l'art de faire pousser du blé et il a même réussi à construire un four. Régulièrement, il poursuit ses missions d'exploration. Des tortues lui tiennent compagnie et il apprivoise un perroquet, qu'il appelle Poll. Chaque fois qu'il est de retour dans sa grotte, il éprouve un immense plaisir. Robinson se rend compte qu'il n'a jamais été aussi heureux.

Sa vie est très organisée. Il apprend à son perroquet à parler, il fait cuire son pain, des gâteaux de riz et de délicieux puddings, il continue de lire et de relire la Bible, puis il se lance dans l'élevage de biquettes. Le soir, il dîne entouré de tous ses animaux. Ce qui renforce son côté mégalo. Ainsi passent deux, trois, cinq, six, onze, quinze années. Robinson a beaucoup changé physiquement. Il s'est fabriqué des vêtements, un bonnet et un parasol en peau de bête. Il a maigri, il s'est musclé et il porte la barbe.

Un matin, alors qu'il se promène sur la plage, il remarque un drôle de trou dans le sable. Il s'approche, il se penche, il regarde. Soudain, il s'arrête net, comme foudroyé sur place. « Mon Dieu, mais… c'est une trace de pas humain ?! se demande-t-il, complètement paniqué. Mais… comment est-elle arrivée là ? Et à qui appartient-elle ? »

ROBINSON ET VENDREDI

Depuis presque vingt ans, Robinson vit seul sur son île. Le désespoir des premières années a peu à peu disparu. Malgré sa peur immense, il s'est même résolu à explorer le reste de l'île. Alors qu'il se croyait hors de danger, Robinson trouve une trace de pas humain sur le sable. À qui ce pied appartient-il ? Se pourrait-il qu'il ne soit pas seul ? La panique s'empare alors de lui.

Depuis une demi-heure, Robinson est planté comme une aubergine géante devant la trace de pas. Il la regarde et la regarde encore. « Les orteils, le talon, ma foi, oui, tout y est, c'est bien une empreinte de pied humain. » Puis il cligne des yeux pour la faire disparaître, comme par magie. Mais non, il a beau fermer et rouvrir les paupières, la trace est toujours là. « OK, je ne suis pas magicien », en conclut Robinson avec une petite pointe d'humour. Notre aventurier blague, n'empêche, il est très préoccupé. Dans sa tête, un

Robinson vit nuit
et jour la boule
au ventre.

tas de questions se bousculent : « Pourquoi n'y a-t-il qu'une seule empreinte ? L'île a-t-elle été visitée par un humain unijambiste ? S'agit-il d'un fantôme ? » Robinson sait que son navire a fait naufrage près de l'embouchure du fleuve Orénoque. Pas très loin, il y a les terres d'Amérique découvertes par les cruels conquistadors espagnols, mais aussi – catastrophe ! – des régions où vivent des peuples mangeurs d'hommes, qu'on appelle « cannibales ». « Le courant a sûrement fait dériver leur pirogue jusqu'ici ! s'exclame-t-il, les yeux pleins d'effroi. Cette trace de pas… Oui, c'est sûr ! C'est l'un d'eux qui l'a faite ! » Robinson a la tête qui tourne. Depuis son arrivée, comme un beau poulet fermier, il a gambadé au grand air, il a le cuissot bien musclé. Il le sait, grillé à la bonne température avec un brin de romarin, il serait pour ces cannibales un succulent rôti ! En un quart de seconde, sa vie se transforme en mission commando. Objectif : garantir sa sécurité !

Pour protéger sa tente et sa caverne, il se lance dans la construction d'un second rempart. Sur la palissade extérieure, il troue sept petites ouvertures dans lesquelles il installe des fusils. Ainsi, en deux minutes chrono, il pourra ouvrir le feu si nécessaire.

Quatre années passent. Robinson vit nuit et jour la boule au ventre. Attention, je ne parle pas de boule de bowling ni de boule à facettes, mais de l'effroyable, de la terrible boule de la peur.

Ces cannibales l'obsèdent

Sans cesse, ils occupent ses pensées. « Comment peuvent-ils dévorer d'autres humains ? Et si je les attaquais ? » Mais il se ravise. Ce serait franchement injuste de sa part, car, pour l'instant, ils ne lui ont encore rien fait. Un matin, il aperçoit enfin cinq canots sur le rivage. L'aventurier arrête de respirer. Ils appartiennent aux cannibales, c'est sûr. Cependant, il n'en voit aucun à l'horizon. Incroyable ! Où sont-ils passés ?

Pour en avoir le cœur net, il grimpe au sommet d'une petite colline. À plat ventre pour ne pas être repéré, il observe les environs avec une longue-vue. « Sapristi, ils sont là ! » s'exclame l'apprenti détective, tout excité.

Robinson compte trente hommes réunis autour d'un feu

Autour d'un feu ? Mon Dieu ! Ils se préparent à croquer de la viande humaine ! Et, en effet, un peu plus loin sur la gauche, deux cannibales amènent un pauvre homme à son supplice. Dans ses yeux, Robinson lit la panique et le désespoir. Que faire ? Tétanisé par la peur, l'aventurier ne peut plus bouger.

Tout à coup, la victime se met à courir à toute vitesse, l'homme prend la fuite ! Bien joué ! Les cannibales le coursent, mais il est plus rapide ! « À la bonne heure ! Enfin un peu d'action sur cette île perdue ! » s'exclame Robinson.

Hop ! Il descend de sa colline et court à toute vitesse en direction du fuyard. Lorsque ce dernier l'aperçoit, Robinson l'appelle : « Ohé !!! Psss ! Psss ! » Puis il s'attaque aux cannibales. Ils sont alors deux. Le premier, Robinson l'assomme avec son fusil. Quant au second, le voyant sortir son arc et ses flèches, il n'a pas d'autre choix que d'appuyer sur la gâchette. La balle atteint l'homme en plein cœur.

Le nouveau camarade de Robinson tremble comme une feuille.

Deux cannibales
amènent un homme
à son supplice.

Ses yeux sont
aussi ardents
que deux belles
flammes
qui dansent.

Complètement sous le choc, il se jette aux pieds de notre héros et donne de petits baisers sur le sol. Robinson, qui, je te le rappelle, se prend pour le grand seigneur de l'île, pense tout de suite: «Ma parole, cet homme veut devenir mon esclave!» N'importe quoi! Oh, pétard, il n'a pas les yeux en face des trous! Mais enfin, ce n'est pas le moment de traîner. Vite! Robinson conduit son camarade à sa forteresse.

L'aventurier n'est plus seul

Lorsqu'il entend, pour la première fois, la voix de son compagnon, il a l'impression qu'un filet d'or et d'argent se glisse dans son oreille. Épuisé de fatigue, son nouvel ami s'endort comme une masse. Robinson le regarde. C'est un grand jeune homme d'environ vingt-cinq ans. Il a de longs cheveux, noirs soyeux, magnifiques. Quand ses paupières ne sont pas closes, ses yeux sont aussi ardents que deux belles flammes qui dansent.

À son réveil, il est tellement heureux d'être en vie qu'il se jette une nouvelle fois aux pieds de Robinson. «Encore une preuve! s'exclame l'aventurier en sautillant à cloche-pied. Le rêve! Il veut me servir et m'obéir toute sa vie!» La barbe, décidément, il ne comprend rien à rien!

Et ce n'est pas fini. Robinson, qui se croit supérieur à son camarade, décide de l'éduquer. Il lui enseigne l'anglais, puis il lui donne un nouveau nom, comme ça, sans lui demander son avis. Comme ils se sont rencontrés un vendredi, il l'appelle… «Mercredi». Euh, non, «Vendredi». Ensuite, il lui annonce: «Vendredi, désormais, tu m'appelleras "maître".» Oh, décidément, mais pour qui se prend-il?

Et, sur ce grand n'importe quoi, commence la vie de Robinson et Vendredi. Robinson lui apprend à cultiver l'orge, à pétrir la pâte et à faire cuire le pain. Vendredi est vif et plein d'esprit. Le soir, les deux hommes ont des conversations très agréables. Et ainsi passent trois années. Les plus merveilleuses pour Robinson depuis qu'il est arrivé sur l'île.

Un matin, Vendredi le réveille en criant : «Robinson ! Ils sont arrivés ! »

«Qui, quand, quoi, comment ? » s'exclame le bonhomme en faisant, de surprise, trois tours dans son hamac. Qui ? Quoi ? Mais un bateau anglais, pardi ! Vite, Robinson prend sa longue-vue, il court en direction du rivage pour observer les nouveaux arrivants. Ce qu'il découvre n'est pas très réjouissant. L'équipage, qui s'est visiblement révolté contre le capitaine, le retient prisonnier sur l'île. Attaché à un tronc d'arbre, le pauvre a perdu le contrôle de son navire !

«Sacrebleu ! Triple crotte de tortue de mer ! s'énerve Robinson, avant d'ajouter : Bon, on va se débrouiller. »

Il sait que ce bateau, c'est leur ticket de sortie à Vendredi et à lui. Mais comment faire ? Rassure-toi, il ne tarde pas à trouver une solution. «Si nous aidons le capitaine à récupérer son navire, il ne pourra pas refuser de nous prendre à son bord, et nous pourrons rentrer en Angleterre ! »

Sacré bon plan ! Pas évident, mais ça marche ! Après des tirs de pistolet, des menaces, des gouttes de sang qui coulent et quelques filouteries en douce, le capitaine arrive à regagner son bateau. Tout est prêt pour larguer les amarres.

Robinson est un peu déboussolé. Après tout ce temps, il n'arrive pas à croire qu'il va enfin rentrer chez lui. Pour la dernière fois, il regarde l'île, les arbres, les petits grains de sable blanc.

Après un long voyage en mer, Robinson et Vendredi arrivent à Londres le 11 juin 1687. Ce qui leur arrive ensuite, mystère et boule de pudding !

Ici se terminent les aventures de Robinson Crusoé, cet Anglais originaire de York qui, après tempêtes et naufrages, a réussi à survivre sur une île déserte pendant presque trente ans.

La légende du roi Arthur

Il y a longtemps, bien avant la merveilleuse invention de la crêpe, la Terre était peuplée de chevaliers, de magiciens et de fées. Du centre de l'Angleterre jusqu'à la Bretagne s'étendait un immense territoire, le royaume de Logres, gouverné par Uther Pendragon et protégé par un mage très puissant, Merlin. Hélas, les temps sont troubles, la couronne est menacée. Qui montera sur le trône ? Le royaume tiendra-t-il face à la puissante fée Morgane, bien décidée à le détruire ?

ILLUSTRATIONS
CRUSCHIFORM ET GAZHOLE

Merlin l'enchanteur

Merlin est le plus grand magicien du royaume de Logres. Ses pouvoirs sont épatants. Il apparaît, disparaît, se déplace instantanément d'un endroit à l'autre et peut changer d'apparence en un claquement de doigts. Tantôt sapin, tantôt cerf, on n'arrive pas toujours à le reconnaître et personne ne sait exactement qui il est ni d'où il vient. Certains racontent qu'il serait le fils du diable… Le magicien s'apprête à bousculer l'ordre du royaume. Un grand changement se prépare.

Dans la forêt de Northumberland, au nord du royaume de Logres, un homme se faufile entre les noisetiers. Il porte une cape sombre qui lui couvre la moitié du visage. C'est évidemment parfait pour créer un petit « effet mystère », mais pas tellement pratique lorsqu'il s'agit de regarder où on met les pieds. Ça ne loupe pas : le bougre se prend les pattes dans une racine. Il tombe. Et se relève tout de suite. Merlin a du pain sur la planche. D'un pas décidé, il se rend au château du roi Uther Pendragon. L'histoire du royaume de Logres n'est pas écrite, mais le magicien la connaît déjà. C'est bien normal puisqu'il sait prédire l'avenir. Depuis des années, il conseille le roi, qui lui fait entièrement confiance. Aussi, lorsque Merlin lui suggère d'organiser une grande fête dans son château, Uther obéit sans dire un mot.

Des quatre coins du royaume arrivent des chevaliers, des demoiselles, des barons et des dames. Parmi ces invités, il y a Gorlois de

D’un pas décidé, il se rend au château du roi.

Uther ne peut quitter Ygerne des yeux. Gorlois s'en rend compte.

Tintagel, le puissant duc de Cornouailles. Il est accompagné de sa femme, la délicieuse Ygerne, et de leur fille, Morgane. L'enfant a les cheveux et les yeux noirs. Lorsqu'on la regarde, on a l'impression de plonger dans le présent, le passé, le futur… tout se mélange ! « Elle est étrange, cette petite », pense Uther. Qu'importe. Son corps, soudain, est parcouru d'un grand frisson, son cœur brûle. Le roi vient de croiser le regard d'Ygerne. Il en tombe immédiatement et éperdument amoureux. Toute la soirée, il ne peut la quitter des yeux. Le pauvre homme n'est pas très discret, car Gorlois s'en rend compte. Fou de jalousie, il quitte la fête précipitamment en faisant claquer toutes les portes du château l'une après l'autre. Évidemment, il oblige sa femme et sa fille à partir avec lui.

Uther est désespéré

Plus rien n'a d'importance. Ni la paix ni la prospérité du royaume. Le roi se meurt, c'est son premier chagrin d'amour. « Ygerne, ma douce Ygerne, quand te reverrai-je ? » se lamente-t-il. Il veut absolument la retrouver, lui parler, mais comment ?

Le roi a alors une très mauvaise idée. Il décide d'assiéger le château de Tintagel. Oui, pour revoir la belle Ygerne, Uther ne trouve rien de mieux que de faire la guerre à son mari. C'est l'hiver, il pleut comme vache qui pisse, le paysage est sinistre, il fait un froid terrible, à faire geler les carottes sous la terre. Gorlois tient bon. Il a fait baisser la herse et lever le pont-levis, il garde la porte de son château bien fermée. Au pied de la forteresse, frigorifié sous sa tente, Uther est au bout du rouleau. Merlin a évidemment suivi toute l'histoire. En un claquement de doigts, il apparaît à côté du roi.

« Ah, Merlin, c'est toi ! Tu m'as fait peur ! » sursaute Uther. Le magicien ne dit rien, mais il lève les yeux au ciel. Oh, la barbe ! Ça va, quoi ! Il ne va tout de même pas bondir à chacune de ses apparitions.

« Roi Uther, lui dit Merlin, je peux vous aider, mais, en échange, vous devez me faire une promesse. » Uther écarquille les yeux et l'écoute avec beaucoup d'attention. « Vous serez dès ce soir avec Ygerne. Plus tard, vous aurez un fils. Ce fils, vous devrez me le confier à sa naissance. Je l'emmènerai loin et je le protégerai. Pouvez-vous me jurer cela ? »

Uther hoche la tête plusieurs fois d'affilée. Il accepte. Alors Merlin entoure le roi d'un nuage magique qui lui donne l'apparence de Gorlois.

Ainsi métamorphosé, le faux duc entre dans le château de Tintagel

Ygerne n'y voit que du feu et se donne à lui. Les deux amants passent une nuit de folie.

Au même moment, le vrai Gorlois est assassiné dans la forêt. Quand la duchesse apprend la nouvelle, elle est un peu déboussolée, elle ne comprend pas : si son mari est mort, avec qui a-t-elle bien pu passer la nuit ?

De son côté, Uther ne perd pas de temps. Il demande Ygerne en mariage. Étrangement, elle accepte. La paix est conclue. On célèbre les épousailles. Quant à la petite Morgane, fille d'Ygerne et de Gorlois, elle est chassée loin du royaume.

Neuf mois plus tard, ainsi que Merlin l'a prédit, Ygerne met un

Merlin entoure
Uther d’un nuage
magique qui lui
donne l’apparence
du duc Gorlois.

petit garçon au monde. Le jour de sa naissance, le magicien vient trouver le roi dans son château. «Uther, vous souvenez-vous de la promesse que vous m'avez faite?»

«Euh, oui, non… peut-être?» Le roi est très embêté, il n'a pas du tout envie de donner son premier fils. Mais une promesse est une promesse et il est impossible, tu le sais bien, de revenir sur sa parole une fois qu'on l'a donnée.

Merlin emmène l'enfant

Il file dans la nuit. Il galope en suivant les étoiles. Au petit matin, il arrive devant un joli château. Il y entre. Dans la cour, il trouve son ami, le chevalier Antor.

«Antor, lui dit Merlin, voici un tout petit enfant. Fais-le baptiser et appelle-le Arthur. Élève-le comme ton fils.» Puis le magicien s'en va sans dire un autre mot.

Quinze années passent. Antor prend grand soin d'Arthur. Le garçon apprend le maniement des armes, le code de la chevalerie et l'art de la fauconnerie. Il devient l'écuyer de Keu, le fils aîné d'Antor.

Parfois, Arthur remarque qu'un drôle de papillon se pose sur son épaule. Il ne le sait pas, mais c'est Merlin qui vient lui rendre visite.

Pendant ce temps, dans le royaume de Logres, les choses vont mal, on n'est pas très loin du chaos. Les affreux Saxons, ennemis jurés d'Uther Pendragon, tentent une fois de plus de s'emparer du trône. Ils ont empoisonné le roi. Et comme personne ne lui connaît d'héritier, tous les grands seigneurs se disputent la couronne.

L'heure est venue pour Merlin de révéler au monde l'existence d'Arthur, le fils d'Uther Pendragon. Le magicien imagine pour cela une épreuve. Grâce à ses pouvoirs, il plante une épée ensorcelée dans une enclume. Seul l'héritier légitime de la couronne pourra l'en dégager. ||

L'avènement du roi Arthur

Le chaos est de retour dans le royaume de Logres. Uther Pendragon a été empoisonné et laisse le royaume sans descendance apparente. Les seigneurs s'affrontent pour monter sur le trône. Or, un descendant, la couronne en a un… Il s'appelle Arthur. Pour le protéger, Merlin l'a confié à sa naissance au chevalier Antor, qui l'élève depuis comme son fils. Personne ne connaît sa véritable identité, pas même l'enfant, qui est désormais un jeune homme. Il est temps de révéler au monde son existence.

Deux jours avant Noël, la neige a commencé à tomber à gros flocons sur le royaume de Logres. Le ciel est tout à coup devenu blanc, une brume épaisse a envahi le monde. Ainsi que l'a demandé Merlin, tous les barons et les ducs du royaume se sont réunis. Antor et ses deux fils, Arthur et Keu (qui vient tout juste d'être adoubé), sont venus eux aussi. Le 24 décembre, tous se rendent à la cathédrale pour assister à la messe de minuit. À la fin de la célébration, tandis que les estomacs gargouillent, la foule se presse vers la sortie. Surprise ! Là, sur le parvis, est apparue une énorme enclume dans laquelle est enfoncée une magnifique épée, longue et brillante. « Quel est cet étrange objet ? Comment est-il arrivé là ? » Ces questions se lisent sur toutes les lèvres. L'archevêque de Logres s'approche. Sur le manche de l'épée, il découvre un message gravé en lettres d'or : « Celui qui arrivera à me retirer de l'enclume sera le roi choisi par Dieu. »

Sans attendre, tous les barons et les ducs se précipitent sur l'épée. L'un après l'autre, ils tentent de la dégager. Ils tirent de toutes leurs forces, ils l'empoignent à une main, à deux mains, ils prennent de l'élan puis sautent dessus… Rien n'y fait. L'épée reste solidement plantée dans l'enclume.

Une semaine plus tard, un grand tournoi de chevaliers est organisé. Keu aimerait beaucoup y participer, mais, zut, il a oublié son épée ! En bon écuyer, Arthur s'empresse d'aller la chercher. Il fouille partout. Sous le lit, au fond de l'armoire : rien. Il ne la trouve pas. Le jeune garçon est extrêmement embêté. Presque désespéré. Sur le chemin du retour, il passe devant la cathédrale.

L'épée magique est toujours là, scintillante sous les rayons du soleil

Arthur jette un coup d'œil à gauche, puis à droite. Personne à l'horizon. Il s'approche de l'enclume, il pose sa main sur le manche et – incroyable ! – il retire l'épée sans effort. Keu reconnaît immédiatement l'objet merveilleux qu'Arthur vient de lui apporter. Il comprend avec stupeur ce que cela signifie. Il se hâte d'en informer Antor, son père. Aussitôt, les trois hommes se rendent à la cathédrale. Devant la foule ébahie et silencieuse, Arthur remet l'épée dans l'enclume et l'en ressort une seconde fois, aussi facilement que la première.

Incroyable! Il retire l'épée sans effort.

Le royaume de Logres a désormais son nouveau roi ! Acclamé par le peuple, Arthur monte sur le trône. L'enclume disparaît alors comme par enchantement.

Évidemment, l'histoire ne s'arrête pas là. Les seigneurs du royaume refusent de s'incliner devant Arthur. Un simple écuyer, même pas un chevalier, leur dicterait sa loi ? Et puis quoi encore ? Envoyer un homme sur la Lune ?

Tu sais comment sont les barons et les ducs du Moyen Âge : ils ne lâchent jamais rien. Une nuit de pleine lune, froide et sans étoiles, ils se réunissent en secret. Après avoir trinqué à la cervoise (c'est l'ancêtre de la bière), ils décident d'assaillir le château du roi. Le lendemain, ils sont au pied des remparts. Ils installent leurs catapultes.

Arthur est fait comme un rat

Le jeune roi panique. Il transpire à grosses gouttes, il a les mains moites et son cœur bat très fort. Heureusement, Merlin apparaît sur les remparts. Franchement, il était temps ! Avec sa plus grosse voix, il s'adresse aux ducs et aux barons : « Grands seigneurs, savez-vous seulement qui vous êtes en train de combattre ? Arthur n'est pas le fils d'Antor, mais celui de votre ancien roi, Uther Pendragon, celui qu'il eut avec Ygerne ! »

L'annonce de Merlin ne convainc pas les rebelles, qui reprennent leur assaut. Le magicien voit l'affolement grandir dans les yeux d'Arthur. Qu'il se rassure, il a une proposition à lui faire : « Léodagan, le roi de Carmélide, est en très grand danger. Son ennemi, Claudas de la Terre déserte, a envahi son royaume. Si vous acceptez d'aller l'aider, vous en récolterez de nombreux bienfaits. » Arthur hésite

Heureusement, Merlin apparaît sur les remparts. Franchement, il était temps !

Arthur et ses chevaliers luttent avec un courage exemplaire.

quelques secondes, car bon, il ne le connaît pas, ce Léodagan… Mais a-t-il un autre plan ? Non. Alors il accepte.

Grâce à un formidable tour de magie dont lui seul a le secret, Merlin aide le roi et quelques vaillants chevaliers à sortir du château.

Arthur sent que quelque chose en lui a changé. Protégé par Merlin, entouré de remarquables chevaliers, il n'a plus du tout peur. En plus, il a vraiment fière allure. À la taille, il porte Excalibur, la magnifique épée qu'il a retirée de l'enclume, et sur la tête, le heaume d'argent de son défunt père, Uther Pendragon.

Le roi et les chevaliers chevauchent cinq jours sans s'arrêter. Ils arrivent enfin au royaume de Carmélide. Sur le champ de bataille, Léodagan est en très mauvaise posture. Partout, les armures se cognent, des lances se brisent et des flèches enflammées déchirent le ciel devenu rouge. Rouge comme le feu, rouge comme le sang.

Arthur et ses chevaliers luttent avec un courage exemplaire. Mais les soldats de Claudas sont très nombreux, la bataille s'éternise.

Alors Merlin donne un coup de pouce à ses amis

Il fait lever un vent furieux rempli de sable et de poussière. Les chevaliers de Claudas n'y voient plus rien, ils éternuent, leurs yeux piquent. Ils s'en vont sans demander leur reste. Bien joué, l'Enchanteur ! La victoire est éclatante. Léodagan saute de joie. Merlin, Arthur et ses chevaliers l'ont sauvé !

Pour les remercier, Léodagan fait préparer un grand banquet. Les bardes et les troubadours prennent leurs instruments, ils chantent et récitent de magnifiques poèmes. Arthur remarque alors une jeune fille assise à l'autre bout de la table. C'est Guenièvre, la fille du roi

Léodagan. En quelques heures – à peine –, il en tombe amoureux. Sûr de ses sentiments, Arthur demande Guenièvre en mariage. Elle accepte. Les deux jeunes gens s'épousaillent – du verbe « s'épousailler », qui est un mot qui n'existe pas, c'est vrai, mais que je trouve franchement rigolo. Léodagan offre un cadeau aux deux époux : une magnifique table ronde, ronde comme le monde, que le valeureux Uther Pendragon lui avait donnée il y a fort longtemps. La table est vraiment très grande. Arthur la regarde avec une pointe d'agacement. « Merci du cadeau, ça va être coton à rapporter en charrette jusqu'à la maison. » Mais un tel présent ne se refuse pas.

De retour au royaume de Logres, une nouvelle ère commence. Les seigneurs rebelles qui, il y a quelques mois, ne voulaient pas reconnaître Arthur comme leur roi s'inclinent devant ses récents actes de bravoure.

C'est alors qu'un autre danger pointe le bout de son nez

Les horribles Saxons, ceux-là mêmes qui, quelques années plus tôt, ont empoisonné Uther Pendragon, menacent de nouveau d'envahir le royaume. Arthur rassemble ses plus grands chevaliers. Ils ont pour nom Lancelot, Bohort, Tristan, Gauvain, Galaad, Dagonet, Perceval, Lamorak – à ne surtout pas confondre avec « anorak », bien sûr –, et j'en oublie quelques autres. Puis le roi enfourche son cheval et, levant Excalibur très haut dans le ciel, il les mène au combat.

Arthur et ses chevaliers livrent douze batailles, au nord, au sud, à l'est, à l'ouest. Chaque fois, ils gagnent et repoussent les Saxons. Une paix durable s'installe dans le royaume de Logres. Il fait désormais bon vivre à la cour. Arthur est devenu un grand roi, juste et raisonnable. Un jour, Merlin vient le voir : « Mon roi, vous souvenez-vous de la table ronde offerte par le roi Léodagan ? » lui demande-t-il avec un soupçon de malice dans les yeux. Arthur acquiesce. « Réunissez vos chevaliers tout autour, puis attendez-moi », ajoute alors le magicien. Arthur obéit. Un à un, les chevaliers se présentent devant la table. Merlin apparaît enfin. Il prend la parole : « Il y a fort longtemps, un récipient magique qui porte le nom de "Graal" a recueilli le sang de Jésus-Christ. C'est un objet merveilleux qui contient les réponses à toutes les questions de l'humanité. Il protège les cœurs purs et repousse les méchants. Ce Graal, vous devez le retrouver. Et maintenant, valeureux chevaliers, partez. Partez à l'aventure, prouvez votre courage, votre valeur et votre foi, et… revenez. Revenez chaque année à la cour du roi Arthur pour tout nous raconter. »

Avant de se quitter, les chevaliers font tous le serment de s'entraider et de se porter secours en cas de besoin. Depuis ce jour, on les appelle les « chevaliers de la Table ronde ». Chacun vit ensuite de grandes et incroyables aventures. Mais ce n'est pas tout à fait ce que j'ai envie de te raconter. Tu as déjà croisé, ici et là, un mystérieux personnage. Il est temps que tu fasses plus ample connaissance avec elle – oups, je viens de révéler un indice !

La vengeance de la fée Morgane

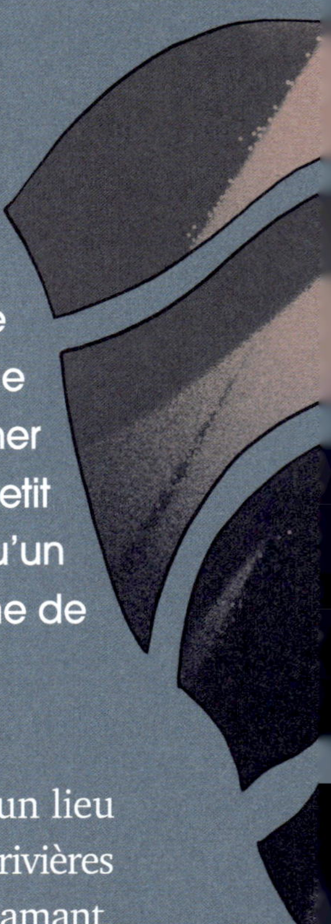

Morgane est la demi-sœur du vaillant roi Arthur. Chassée du royaume de Logres par son beau-père, Uther Pendragon, elle trouve refuge à Avalon, l'île des fées, des magiciens et des druides. Là-bas, elle développe d'immenses pouvoirs. Morgane peut soigner toutes les blessures, sauf, hélas, celles de son pauvre petit cœur. De la douleur à la vengeance, il n'y a parfois qu'un pas. Morgane provoquera-t-elle la chute du royaume de Logres ?

Celui qui débarque sur l'île d'Avalon pénètre dans un lieu merveilleux, planté de pommiers, traversé de longues rivières qui éclaboussent le visage en faisant mille poussières de diamant. Ici règne Morgane. Lorsqu'elle contemple son royaume, la fée se sent puissante. Et pardi, c'est vrai qu'elle l'est ! C'est une femme extrêmement savante.

Dès son arrivée sur l'île, elle a étudié sans relâche les sciences et la magie. « S'il y a une chose qu'aucun roi ne pourra jamais me reprendre, c'est mon savoir. » Très vite, Morgane s'est révélée extrêmement douée. Elle finit par attirer l'attention de Merlin qui, impressionné par ses talents, décide de lui enseigner ses plus

«Utilise les forces de l'univers! La nature, c'est elle qui te donnera la puissance!»

puissants sortilèges : « Utilise les forces de l'univers ! La nature, c'est elle qui te donnera la puissance ! Tu verras, la vie de magicien, c'est génial ! On peut se transformer en chèvre, en biche, en oiseau ! »

Morgane, qui a les cheveux et les yeux noirs, aime se métamorphoser en corbeau. Souvent, on la voit voler dans le soleil couchant, ses deux grandes ailes déployées dans le ciel.

Depuis peu, Morgane est une femme amoureuse

La fée a donné son cœur au jeune chevalier Guyomard. Ce dernier se comporte d'une façon bien étrange depuis quelques semaines. Guyomard vient de moins en moins la voir à Avalon, il reste au royaume de Logres, prétextant de grandes réunions dans la forêt de Brocéliande, au cœur de la Petite Bretagne. « C'est absurde, les chevaliers n'ont jamais de réunion ! C'est sûr, il y a un crocodile sous le palmier », se méfie Morgane. Pour en avoir le cœur net, la fée décide un soir de suivre Guyomard – en pensée, bien sûr, grâce à sa magie. Elle ferme les yeux et le voit, là, marcher, tout guilleret. Le chevalier sautille. Il agite sa main dans les airs. Ma parole, que fait-il ? Est-ce une mouche, une abeille qui soudain le picote ?

Oh non, il salue une jeune femme. Guyomard se met à courir, il saute dans ses bras, il l'embrasse. Morgane éprouve une douleur si forte qu'elle s'effondre par terre. Elle pleure de rage. « Pauvre petit cœur, combien de fois vas-tu encore te fendre ? » Puis elle se relève. La vengeance n'attend pas. Immédiatement, elle apparaît devant Guyomard. Le chevalier n'a pas le temps de prononcer un seul mot que Morgane le foudroie du regard. Ses pieds, ses jambes, ses bras, son visage, tout son corps devient de la pierre. Il se transforme en montagne. En fait, non : en caillou. Ce cloporte si insignifiant ? Il aurait été étonnant, en effet, que Morgane en fasse une montagne ! Depuis trop longtemps, la fée est trahie, rejetée, blessée. Il est temps que le monde connaisse l'étendue de sa fureur.

Autour d'elle s'étend un bien joli vallon. Morgane lui jette un sortilège : « Jolie vallée, tu seras désormais connue sous le nom de Val sans Retour. Chaque homme qui te traversera pourra connaître deux sorts. S'il n'a jamais trahi sa dame, il en sortira sain et sauf. S'il a un jour été infidèle, il deviendra ton prisonnier. Tel sera le sort des faux amoureux ! »

Puis elle s'en va. Au fil des années, le Val sans Retour prend au piège de nombreux passants.

Au royaume de Logres, on commence à s'inquiéter

Les chevaliers disparaissent les uns après les autres sans que personne – et particulièrement le roi Arthur – y comprenne rien. « Ma parole, mais où sont-ils passés ? se demande-t-il souvent. Sont-ils retenus à une super foire à la saucisse dont personne ne m'aurait parlé ? »

Morgane, pas peu fière de son petit tour, poursuit ses aventures. De près ou de loin, elle se débrouille toujours pour avoir des nouvelles de son petit frère, Arthur, qu'elle a toujours adoré. Elle passe d'ailleurs souvent le voir dans son château de Camelot, où il s'est installé avec sa femme, la reine Guenièvre.

Lors de l'une de ses visites, Morgane sent de nouveau son cœur battre la chamade. Au château de Camelot, on croise toutes sortes

Ses pieds, ses jambes, ses bras, son visage, tout son corps devient de la pierre.

Lancelot, dont l'amour pour Guenièvre est très pur, traverse le Val sans Retour sans encombre.

de chevaliers. Le plus valeureux, le plus intelligent, le plus beau, mais pas tout à fait le plus drôle – oh ben non, il ne faut pas exagérer – s'appelle Lancelot du Lac. Lorsque Morgane l'aperçoit, elle en tombe instantanément amoureuse. Et tandis qu'elle observe, émerveillée, son visage, si doux, si calme, d'étranges visions apparaissent au fond de sa pupille : « Le cœur de Lancelot est déjà pris ? Il appartient à une autre ? Mais à qui ? À l'épouse d'Arthur, la reine Guenièvre ? » Immédiatement, elle prévient son frère. Hélas, il refuse de la croire. « Patience, petit cœur, patience, murmure-t-elle en quittant le château de Camelot, la vengeance viendra à toi. »

Lancelot a passé son enfance dans la forêt de Brocéliande

Il y retourne très souvent. Quelques semaines plus tard, il découvre l'entrée du fameux Val sans Retour. Il fait tellement beau à l'intérieur, l'herbe y est si verte qu'il décide de s'y engouffrer. Ce qu'il y découvre, il n'en croit pas ses yeux ! Partout, des chevaliers sans leur armure gambadent le sourire aux lèvres. Ils jouent de la musique, ils boivent des vins délicieux. « C'est étrange, pense Lancelot, ils ont l'air heureux, mais quelque chose ne va pas. » Eh oui, banane, ils sont prisonniers ! Lancelot, dont l'amour pour Guenièvre est très pur, traverse le Val sans Retour sans encombre. Et même plus ! Il rompt le charme de Morgane. La fée est hors d'elle : « Il ne m'échappera pas ! » Aussitôt, grâce à sa magie, elle l'enferme dans un cachot. Là, de jour comme de nuit, Lancelot dessine sur les murs le portrait de sa belle Guenièvre. Au début, Morgane enrage : « Mais c'est pas vrai ! Il ne pourrait pas dessiner autre chose : une biche, un chevreuil, ou même, tiens, une tortue ? » Puis lui vient une idée : « Ces dessins sont une preuve de la trahison de la reine ! Lorsque mon frère Arthur les verra, il n'aura pas d'autre choix que de me croire ! »

Vite, elle le fait chercher. Entre-temps, Lancelot réussit à s'échapper, mais peu importe ! La seule chose qui compte désormais, c'est la réaction de son petit frère. Va-t-il enfin la croire ? Hélas, c'est peine perdue. « Morgane, comment as-tu pu inventer une ruse si sournoise ? Tu n'es plus ma sœur ! » crie-t-il avant de s'en aller en galopant dans un nuage de poussière. Morgane a les jambes en coton. De tous les mauvais tours que lui a joués le destin, celui-ci est sans doute le pire. Cette fois, la coupe est pleine. Elle déborde. De quoi ? Mais, ma foi, de haine ! Seules la mort du roi Arthur et la chute du royaume de Logres pourront apaiser sa colère. Mais comment fomenter un coup pareil ?

Morgane est une femme patiente

Les années passent. Arthur n'a pas que des amis. Certains, jaloux, rêvent de le voir ramper comme un ver de terre. C'est le cas de son neveu, Mordred. Le jeune homme est fourbe et sans merci. Cela fait des années qu'il brûle de renverser son oncle. Bingo, Mordred sera l'instrument de la vengeance de Morgane. La fée attise dans son esprit le feu de la violence. Quand il est enfin prêt, elle l'envoie au combat. Mordred dirige une armée contre son oncle. Dans la plaine de Camlann, les combats sont féroces. Le roi Arthur, qui n'a pas combattu depuis longtemps, est un peu rouillé, mais il se débat comme un lion. D'un geste sec, il enfonce sa lance dans la poitrine de son neveu. Mordred rassemble alors ses dernières forces et bondit sur le roi pour lui donner un ultime coup, un coup fatal. Arthur vacille, lâche son épée, puis s'effondre sur le sol. Morgane, à cet instant, sent son cœur se briser. Elle le comprend tout à coup : sa haine est allée trop loin. Hélas, le mal est fait. Le corps du roi gît par terre.

Dans un souffle, Arthur ordonne que son épée, Excalibur, soit jetée dans les eaux du lac tout proche. Dans la brume et les vapeurs, une barque s'approche alors du rivage.

Morgane vient chercher son petit frère. Délicatement, elle soulève son corps avant de l'emporter, serré contre sa poitrine, loin, à Avalon. Là-bas, elle le plonge dans un profond sommeil. On raconte qu'il y vivrait encore.

Les Bonus des Odyssées

ILLUSTRATIONS
QUENTIN VIJOUX

Ces histoires t'ont mis en appétit ?
Tu as soif d'en apprendre davantage ?
Faim d'informations complémentaires ?
Voilà de quoi te rassasier dans ce
cahier « Bonus ». Autrement dit,
« pour en savoir plus »…
c'est par ici !

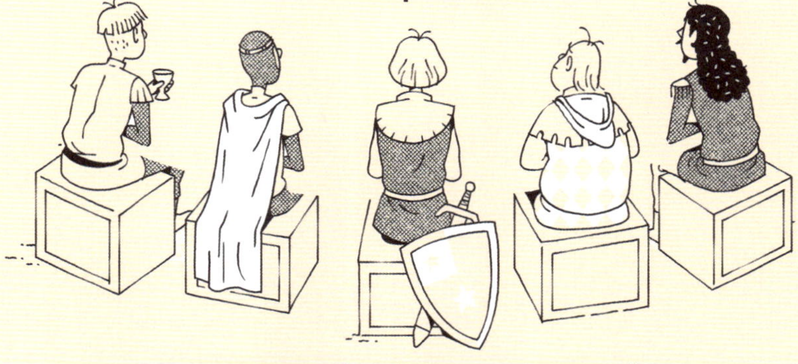

LES FABULEUSES ÉPOPÉES

L'ILIADE ET L'ODYSSÉE

L'Iliade et *L'Odyssée,* ces deux grandes aventures qui vrombissent et qui éclatent en milliers de paillettes d'or, comptent parmi les plus grands textes de l'humanité. Nés il y a près de trois mille ans dans la Grèce antique, ce sont des épopées : de longs récits poétiques rythmés par de grandes actions et portés par des héros hauts en couleur, avec une bonne dose de merveilleux ! Elles auraient été écrites par un certain Homère. Qui est-il ? Et d'où vient-il ? Partons sur les traces du poète le plus célèbre de l'Antiquité !

Qui est Homère ?

On ne sait pas grand-chose de lui en réalité ! Né au VIIIe siècle avant notre ère, Homère était un aède : un poète de l'Antiquité grecque qui chantait ses œuvres en s'accompagnant d'une *phorminx* (une sorte de petite lyre à quatre cordes). Certains racontent qu'il était aveugle. L'était-il vraiment ? Une chose est sûre, cela ne l'a pas empêché de parcourir la Grèce pour déclamer ses poèmes en musique !

Dans la lignée des poèmes chantés

L'Iliade et *L'Odyssée* ont été composés et transmis à l'oral, comme c'était la tradition à l'époque. Ils se distinguent par leur envergure incroyable : un peu moins de 16 000 vers pour *L'Iliade,* un peu plus de 12 000 pour *L'Odyssée*. Pour te donner une idée, les chants classiques composés à cette période-là n'excédaient généralement pas les

100 vers ! Il en fallait, de la mémoire, pour retenir tout ça ! En réalité, les poètes ne les apprenaient pas entièrement par cœur. Ils connaissaient les principaux évènements de l'histoire et, pour raconter les détails, s'aidaient de petites astuces ! Parmi elles : des formules répétitives utilisées pour décrire les personnages. Par exemple : « Hélène aux bras blancs » ou encore « Athéna aux yeux de chouette ».

Après la mort d'Homère, d'autres aèdes ont repris le flambeau : on les appelle les « homérides ». Pendant des siècles, ces chants sont passés de bouche en bouche dans tout le bassin méditerranéen. Plus tard, pour ne pas risquer d'en perdre une seule miette, on décide de transcrire *L'Iliade* et *L'Odyssée* sur le papier.

Star légendaire de l'Antiquité

Les habitants de la Grèce et de la Rome antiques considéraient Homère comme un véritable héros. On récitait *L'Iliade* et *L'Odyssée* lors des panathénées, les grandes fêtes données chaque année à Athènes en l'honneur d'Athéna, la déesse protectrice de la ville. Certaines cités grecques ont même élevé des statues à l'effigie du poète !

Avec le temps, Homère est devenu une légende. Tant et si bien que les historiens ont commencé à s'interroger : le poète a-t-il vraiment existé ? Est-il le seul auteur de *L'Iliade* et de *L'Odyssée* ? Ne serait-il pas plutôt une femme ? Siècle après siècle, notre homme ne cesse de fasciner et bien sûr de questionner. Si tu trouves un jour de nouveaux indices, fais-le savoir au monde entier ! Le mystère Homère est loin d'être résolu !

Les dieux grecs tirent les ficelles des destinées humaines

Dans ces deux récits, de multiples dieux régissent le monde et la destinée des humains. Voyons, voyons, qui sont-ils ?

Les Grecs sont les premiers à imaginer des dieux qui leur ressemblent. Colériques, jaloux, faibles, comme les humains, ils sont loin d'être parfaits ! Immortels, dotés de puissants pouvoirs, leur colère peut être terrible. Ils n'hésitent pas à punir les humains lorsque ces derniers font preuve d'*ubris*, une sorte d'excès d'orgueil qui les pousse à se prendre pour des dieux. Avant les dieux, les Titans régnaient sur le monde. Parmi eux, on trouve Cronos, qui dévore ses enfants à la naissance. Seul Zeus parvient à lui échapper. Adolescent, pour se venger, il empoisonne son père avant de libérer ses frères et sœurs : Déméter, Poséidon, Héra, Hadès et Hestia. S'ensuit une terrible guerre qui aboutit à la victoire des jeunes dieux (Zeus et ses frères et sœurs) sur leurs aînés (les Titans). Une nouvelle génération arrive au pouvoir ! Ils s'installent sur le mont Olympe, le plus haut sommet de la Grèce, et se partagent le monde. Zeus devient le roi des dieux.

Zeus est connu pour ses nombreuses liaisons avec des déesses, des nymphes ou encore des mortelles. Maître dans l'art des métamorphoses, il n'hésite pas à se transformer en pluie d'or, en taureau ou encore en cygne blanc pour parvenir à ses fins. Parmi ses nombreux enfants, on trouve les dieux Apollon, Arès, Artémis, Dionysos, Héphaïstos, Héraclès et Hermès, ainsi que les déesses Athéna et Perséphone (qui n'est pas, malgré ce que son nom pourrait laisser penser, la déesse du téléphone).

HADÈS
DIEU DES MORTS

ARÈS
DIEU DE LA GUERRE

HÉBÉ
DÉESSE DE LA JEUNESSE

HÉPHAISTOS
DIEU DU FEU

ATHENA
DÉESSE DE LA SAGESSE

LES DIEUX DE L'OLYMPE

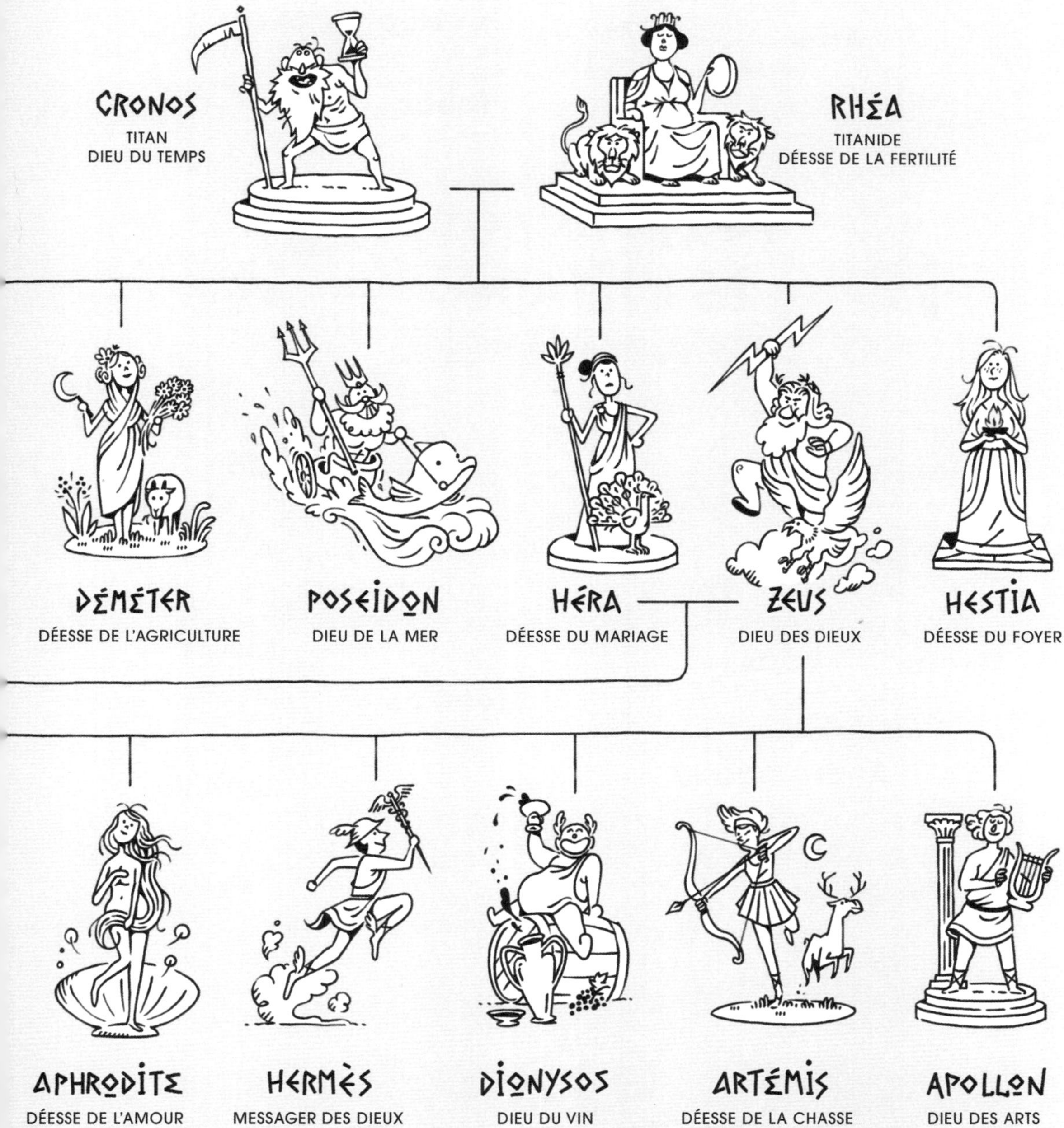

Zeus
DIEU DES DIEUX
Apollon
DIEU DES ARTS
Aphrodite
DÉESSE DE L'AMOUR
Arès
DIEU DE LA GUERRE
DIEUX
Héra
DÉESSE DU MARIAGE
Poséidon
DIEU DE LA MER
Athéna
DÉESSE DE LA SAGESSE
Héphaistos
DIEU DU FEU
Thétis
MÈRE D'ACHILLE
LES PERSONNAGES DE L'ILIADE
TROYENS
ACHÉENS
Priam & Hécube
ROI & REINE DE TROIE
parents
Hector
Pâris
enlève
Hélène
Andromaque
parents
Astyanax
Agamemnon
ROI D'ARGOS, CHEF DES ACHÉENS
épouse de
frères
Ménélas
ROI DE SPARTE
Briséis
Achille
CHEF DES MYRMIDONS
Ulysse
ROI D'ITHAQUE
Patrocle
COMPAGNON D'ARMES D'ACHILLE

Les héros de *L'Iliade*

L'Iliade raconte un monde de guerriers au sang chaud bouillant. Leurs personnalités, explosives et très différentes les unes des autres, font le sel de cette grande aventure. Dans cette guerre, deux camps s'opposent et les dieux prennent parti.

LE CAMP TROYEN :

La cité de Troie est située en face de la Grèce, de l'autre côté de la mer Égée (actuellement en Turquie). C'est à ses portes qu'a lieu l'interminable guerre.

Priam est le roi de Troie et le père d'Hector et de Pâris. Son palais, paraît-il, est assez grand pour accueillir ses soixante-deux enfants. Lorsque la guerre éclate, il est trop vieux pour prendre les armes. C'est un homme intelligent et indulgent. Il a beaucoup de tendresse pour Hélène, qu'il considère comme sa fille. D'une grande sagesse, lui seul comprend que les responsables de la guerre ne sont ni Hélène ni Pâris, mais les dieux.

Pâris est un personnage singulier dans *L'Iliade*. Contrairement aux autres figures masculines, il préfère l'amour à la gloire et à la puissance. La preuve : des trois déesses qui se présentent à lui au début de l'histoire, il choisit Aphrodite, qui lui promet l'amour de la plus belle des femmes. Mal lui en a pris, car la guerre commence lorsqu'il enlève Hélène… Peu porté sur le maniement des armes, il se rend au combat à reculons. Comme Hélène, le grand amour de sa vie, il est d'une beauté époustouflante.

Hector est le frère de Pâris et le fils aîné de Priam. D'un courage exemplaire, il choisit toujours d'obéir à son devoir. Ce qui ne l'empêche pas d'avoir le cœur tendre :

Hector est un mari et un père aimant. Il possède un casque étincelant, détail apporté par Homère pour souligner sa gloire. Arès, le dieu de la Guerre, le protège. Comme Achille du côté des Grecs, c'est le plus grand guerrier de son camp.

Hélène est la fille de Zeus et de la mortelle Léda. D'après la légende, c'est la plus belle femme du monde. Mariée à Ménélas, le roi de Sparte, elle prend la poudre d'escampette avec le Troyen Pâris. Part-elle avec lui de son plein gré ? A-t-elle été enlevée par ce dernier ? Ce point est un peu flou et personne ne sait exactement… Hélène est un personnage déchiré entre deux hommes (Ménélas et Pâris) et entre deux patries (Sparte et Troie). Après la chute de Troie, elle rentre à Sparte avec Ménélas.

LE CAMP ACHÉEN :

Les Achéens sont les peuples des cités grecques qui répondent à l'appel de Ménélas et se rassemblent autour de leur chef de guerre, Agamemnon.

Achille est le grand héros de *L'Iliade*. Il est rendu invulnérable (sauf au talon) lorsque sa mère, la déesse Thétis, le plonge en le tenant par le pied dans les eaux du Styx, un des fleuves des Enfers. Véritable tête brûlée, Achille ressent tout puissance dix : joie, douleur, amour…
Sa colère, immense, terrible, destructrice, est au centre de *L'Iliade*. Au cours de l'aventure, ses sentiments évoluent. Il passe de la colère égoïste à la douleur d'avoir perdu un ami. Enfin, il découvre la compassion, envers Priam, dont il a tué le fils. Homère utilise plusieurs expressions pour le qualifier. Il l'appelle « Achille aux pieds rapides » ou bien « aux pieds légers ». Nous pouvons donc en conclure qu'il n'avait rien d'une limace.

Les deux camps de la guerre de Troie

Agamemnon est le roi d'Argos et de Mycènes, deux importantes cités grecques. C'est le frère de **Ménélas**, le roi de Sparte et le mari d'**Hélène**. Il est si puissant qu'il passe pour le plus grand roi de Grèce. Lors de la guerre de Troie, il prend le commandement de tous les Grecs. D'une allure imposante, il est orgueilleux, sévère, rude, intransigeant, mais aussi protecteur.

Ulysse, le roi d'Ithaque, est le plus rusé de tous les Grecs. Il manie l'art des mots, il est malin, prévoyant, débrouillard et un brin roublard…

Toutes ces qualités définissent un type très particulier d'intelligence que les Grecs de l'Antiquité appellent la « *mètis* ». Cela ne l'empêche pas, hélas, de sombrer dans la folie de la guerre. Lors de la fameuse nuit du cheval de Troie (dont il a eu l'idée), il commet avec ses camarades des actes d'une extrême violence qui horrifient les dieux. Ulysse perd son humanité. Il lui faudra les dix années de voyage et d'épreuves que raconte *L'Odyssée* pour la retrouver. C'est même lui qui donne son nom à cette aventure (en grec, Ulysse se dit « *Odusseus* »).

Les incroyables rencontres d'Ulysse

Lors de son grand voyage, Ulysse croise d'étonnants personnages et visite des contrées peu accueillantes avant de parvenir à rentrer à Ithaque.

Calypso est une nymphe de la mer et la fille du Titan Atlas. Immortelle, elle habite dans une grotte enchantée, sur l'île d'Ogygie. Folle amoureuse d'Ulysse, elle est prête à tout pour le garder auprès d'elle. Certains racontent que deux fils seraient nés de leur union.

Circé est une redoutable magicienne. Fille d'Hélios, le dieu du Soleil, elle vit sur l'île d'Ayayé dans un somptueux palais entouré d'animaux sauvages. Circé sait fabriquer des potions et des philtres si puissants qu'elle peut transformer n'importe quel être humain en loup, en lion ou encore en cochon. Sa beauté est renversante, sa voix enchanteresse. Ulysse ne résiste pas longtemps à ses charmes.

Tirésias est un célèbre devin : il sait prédire l'avenir. Adolescent, il a osé regarder la belle Athéna prendre son bain. La déesse, quelque peu pudique, lui a ôté la vue pour le punir. Comprenant qu'elle était allée un peu trop loin, elle lui a purifié les oreilles. Depuis ce jour, Tirésias comprend le langage des oiseaux et lit l'avenir. Après sa mort, il conserve son don de devin. Sur les conseils de la magicienne Circé, Ulysse se rend aux Enfers pour le consulter.

Pénélope est la femme d'Ulysse et la mère de leur fils, Télémaque. Durant les vingt années d'absence de son mari, elle réussit à éloigner tous les prétendants qui rôdent autour du trône grâce à une superbe ruse ! Elle déclare qu'elle choisira un mari lorsqu'elle aura achevé de tisser le linceul de son beau-père, Laërte. La maline Pénélope défait la nuit ce qu'elle a fait le jour. Ainsi, chaque matin, elle doit recommencer son ouvrage.

Télémaque est le fils d'Ulysse et de Pénélope. Il n'est encore qu'un tout petit enfant lorsque son père part pour la guerre de Troie. Mentor, un ami d'Ulysse, l'élève et l'éduque dignement. Télémaque devient un jeune homme assuré et ingénieux. Il protège sa mère contres les prétendants et aide son père à se débarrasser d'eux lorsque celui-ci rentre à Ithaque.

LE VOYAGE D'ULYSSE

1. Troie

Ville assiégée par les Grecs pendant dix ans, Troie est le point de départ du voyage d'Ulysse.

2. Cicones

Établi dans la ville d'Ismara et ses alentours, ce peuple va s'allier aux Troyens contre les Grecs.

3. Lotophages

Établi sur l'île de Djerba, ce peuple pacifique reçoit cordialement Ulysse et ses compagnons.

7. Circé

Fille d'Hélios, la magicienne (spécialiste des métamorphoses et des empoisonnements) vit entourée d'animaux sauvages sur l'île d'Ayayé.

8. Les Enfers

Ulysse se rend aux Enfers pour consulter Tirésias, devin aveugle de Thèbes qui garda son don de prophétie jusqu'au pays des morts.

9. Les Sirènes

Dans la mythologie grecque, les Sirènes ont un corps d'oiseau. Elles tentent d'ensorceler Ulysse par leurs chants.

10. Charybde et Scylla

Charybde et Scylla sont deux monstres marins qui vivent sur deux îles voisines. Ces créatures gardent un détroit (Messine) par lequel passe Ulysse au cours de son voyage.

11. Île du Soleil

Dans *L'Odyssée*, le Soleil a son île et ses troupeaux de vaches et brebis. L'île est redoutable et les troupeaux du Soleil sont sacrés, immortels.

4. Cyclopes

Géants monstrueux pourvus d'un œil unique, les Cyclopes vivent isolés dans les grottes des montagnes, élevant des chèvres et des moutons.

5. Éole

Fils de Poséidon et maître des vents, Éole héberge Ulysse et ses compagnons sur son île pendant un mois.

6. Géants

Voisins des Cyclopes, les Géants Lestrygons habitent la Sicile, près de l'Etna. Féroces et anthropophages, ils réservent à Ulysse un accueil terrible.

12. Calypso

Nymphe de la mer, fille d'Atlas, Calypso recueille Ulysse après son naufrage, en tombe éperdument amoureuse et le retient prisonnier pendant sept ans.

13. Phéaciens

Peuple de marins gouverné par le roi Alcinoos, les Phéaciens déposeront Ulysse à Ithaque.

14. Ithaque

Quand Ulysse revient à Ithaque pour retrouver sa femme et son fils, vingt ans se sont écoulés, dix ans de guerre devant Troie et dix d'errance en mer.

Dans le ventre des dieux…

Au début de *L'Iliade*, les dieux grecs festoient en l'honneur du mariage de Thétis et de Pélée. Quels mets délicieux se mettent-ils sous la dent ? Principalement du nectar, l'équivalent d'un vin divin, et de l'ambroisie, une sorte de miel ou d'huile sauvage extrêmement sucrée. Ces deux mystérieuses substances procurent un immense plaisir et dégagent un délicieux parfum. Elles permettraient aux dieux de conserver leur immortalité !

Quelques expressions fétiches

L'Iliade et *L'Odyssée* ne cessent d'inspirer les humains. La langue française leur a d'ailleurs emprunté quelques jolies expressions !

Le « **talon d'Achille** » désigne le point faible de quelqu'un. Lorsque la nymphe Thétis a plongé son fils Achille dans les eaux magiques du Styx (l'un des fleuves des Enfers), elle l'a tenu par le pied, ce qui l'a rendu invulnérable, sauf au talon.

Une « **colère homérique** » qualifie une grande et terrible colère, à l'image de celle qu'éprouve Achille au début de *L'Iliade*.

La « **pomme de la discorde** » désigne le sujet d'un conflit ou d'un désaccord. L'expression tire son origine de la pomme d'or lancée par Éris, la déesse de la Discorde, lors du mariage de Thétis et de Pélée.

Un « **cheval de Troie** » qualifie une ruse qui permet de pénétrer dans un lieu en toute discrétion dans le but de jouer un mauvais tour à son adversaire. En informatique, il désigne un programme malveillant qui s'infiltre dans un ordinateur afin d'en prendre le contrôle. Dans *L'Odyssée*, le cheval de Troie permet très sournoisement aux Grecs de gagner la guerre.

L'expression « **tomber de Charybde en Scylla** » signifie « aller de mal en pis ». On l'utilise lorsqu'on passe d'une situation déjà difficile à une autre encore pire. Charybde et Scylla sont les deux terribles monstres qu'Ulysse a affrontés, l'un après l'autre, lors de son retour à Ithaque.

Dans la vie, lorsqu'on « **cède au chant des Sirènes** », on succombe à une tentative de séduction mensongère. L'expression fait directement référence aux chants merveilleux des créatures mi-oiseaux, mi-humaines qu'Ulysse rencontre vers la fin de *L'Odyssée*.

Une « **odyssée** » désigne un long voyage rempli d'aventures, à l'image de celui qu'a vécu notre cher Ulysse !

Le cheval de Troie : comment les Grecs ont gagné la guerre

Alors que le siège de Troie piétine depuis des années, Ulysse a l'idée d'une ruse pour emporter la partie. Les Grecs font croire aux Troyens qu'ils rentrent chez eux et laissent devant Troie un énorme cheval de bois : une prétendue offrande à Athéna.

Malgré la crainte et les avertissements de quelques habitants, les Troyens font entrer le cheval dans la ville. Lorsque la nuit est noire, les Grecs, dissimulés à l'intérieur de la statue de bois, sortent de leur cachette. Ils se répandent dans la cité endormie et massacrent les Troyens dans leur lit. Ce funeste épisode n'est pas raconté dans *L'Iliade* (qui s'achève avant la fin de la guerre), mais dans *L'Odyssée*, lorsque Ulysse échoue sur Schéria, l'île des Phéaciens, où règne Alcinoos.

LES COULISSES DE L'HISTOIRE DE

ROBINSON CRUSOÉ

Écrit par Daniel Defoe, le roman *Vie et aventures de Robinson Crusoé* paraît en Angleterre en 1719. Son succès est colossal. Les Anglais sont alors très friands de ce genre de récits pleins de suspense, où les personnages affrontent péripétie sur péripétie.

Daniel Defoe, auteur rebelle et aventurier

Né en 1660 à Londres, Daniel Defoe (à prononcer « DIFO ») s'attire très tôt la haine du gouvernement et de l'Église en publiant des textes provocateurs. Condamné trois jours au pilori (poteau auquel on attachait le condamné afin que sa souffrance soit vue de tous) et emprisonné deux fois à Newgate (à l'époque, c'était l'une des plus terribles prisons de Londres), il devient agent secret en Écosse et se plonge dans l'écriture de romans. Navires, traversées, pirates et flibustiers, voilà ce qui fait battre son cœur ! Il publie son *Robinson* en 1719, en ne se présentant pas comme l'auteur, préférant jusqu'à sa mort citer le titre original du roman, *Vie et aventures de Robinson Crusoé*, comme s'il s'agissait d'un récit autobiographique écrit par le naufragé en personne (quel farceur !).

L'incroyable histoire vraie d'Alexander Selkirk

Lorsqu'il écrit, Daniel Defoe aime beaucoup s'inspirer de faits réels. Ce n'est pas qu'il manque d'imagination, pas du tout ! Mais il est très important pour lui que ses romans semblent le plus vrais possible.

Pour écrire *Robinson Crusoé*, il s'inspire des mésaventures d'un certain Alexander Selkirk, un marin écossais du genre rebelle. En 1703, il rejoint une expédition de corsaires. Les loubards des mers font route vers le sud du continent américain, où ils espèrent voler quelques pièces d'or aux Espagnols qui dominent la région.

Après de maigres récoltes, une année de voyage et de sérieuses brouilles avec le commandant, Alexander Selkirk demande à se faire débarquer sur une île, Más á Tierra, à 600 kilomètres au large des côtes chiliennes, où il compte attendre le passage d'un prochain bateau. Hélas ! Les jours, les mois, les années passent et aucun navire ne se pointe à l'horizon. Le 2 février 1709, quatre ans et quatre mois après son arrivée sur l'île, Alexander est enfin secouru par un navire anglais. De retour dans son pays, son histoire fait le tour de l'Angleterre. Fasciné, Daniel Defoe comprend qu'il y a là toute la matière d'un formidable récit…

Robinson Crusoé, un antihéros

Robinson Crusoé est un personnage très complexe, qui présente autant de facettes… qu'une boule à facettes ! Courageux, prétentieux, ingénieux ou encore complètement obsédé par l'argent, il n'a aucun problème avec la vente d'êtres humains si elle peut l'aider à se remplir les poches : lorsqu'il fait naufrage, il est en route pour la Guinée où il espère s'enrichir grâce au commerce d'esclaves.

C'est un « antihéros* » qui énerve, émeut, repousse et fascine en même temps. On ne sait jamais très bien si on l'aime ou si on le déteste. Bon sang, que penser de ce drôle d'énergumène ? Les personnages de romans sont souvent le reflet de leur époque et Robinson Crusoé n'échappe pas à la règle : il incarne les valeurs de la bourgeoisie européenne du XVIIIe siècle, dont la place et l'influence au sein de la société grandissent.

* **L'antihéros** est le personnage central d'une œuvre de fiction qui ne présente pas certaines des caractéristiques du héros conventionnel, voire dans certains cas aucune.

Robinson et Vendredi

Au XXe siècle, le personnage de Robinson commence à agacer les lecteurs et sa relation avec Vendredi est particulièrement critiquée. Lorsqu'il rencontre Vendredi, Robinson le sauve des griffes des cannibales. Parce qu'il est blanc, il se croit tout de suite supérieur à lui. Sûr de sa suprématie, il décide de lui enseigner ses valeurs. Vendredi est présenté comme un ignorant naïf et très obéissant. Robinson lui donne un nouveau nom, il lui apprend sa langue, il le convertit au christianisme. Il remarque bien les qualités de son camarade, dont il apprécie sincèrement la compagnie, mais cela ne l'empêche ni de lui demander de l'appeler « maître » ni de le prendre pour son serviteur. Tout au long de leur relation, il ne sera jamais question d'égalité. Et entre deux êtres humains, c'est tout de même le minimum syndical !

Trucs et astuces pour survivre sur une île déserte

Si tu échoues un jour sur une île déserte, voici quelques trucs et astuces qui pourront, je l'espère, te sauver la mise !

Boire

Les humains peuvent tenir environ trente jours sans manger, mais pas plus de trois sans boire. Le plus urgent est donc de repérer de l'eau saine. Pour cela, trois solutions :

- Trouver une source d'eau potable (ruisseau, rivière, cascade)
- Récupérer l'eau de pluie (si le temps vire à l'orage)
- Boire le jus des noix de coco ou des cactus (si ton île est du genre tropical).

S'abriter

Sans électricité, la nuit tombe toujours plus vite qu'on ne le croit. Pour éviter une mauvaise surprise, cherche rapidement un abri ! Comme Robinson à son arrivée, essaie de t'installer en hauteur pour te protéger des bêtes sauvages. Tu trouveras plus loin quelques conseils pour fabriquer une cabane.

OÙ EST L'ÎLE DE ROBINSON CRUSOÉ ?

L'île où échoue Robinson Crusoé

Dans le roman de Daniel Defoe, l'île où débarque Robinson se situe dans la mer des Caraïbes, au large de l'embouchure du fleuve Orénoque. Cette île n'existe pas en réalité.

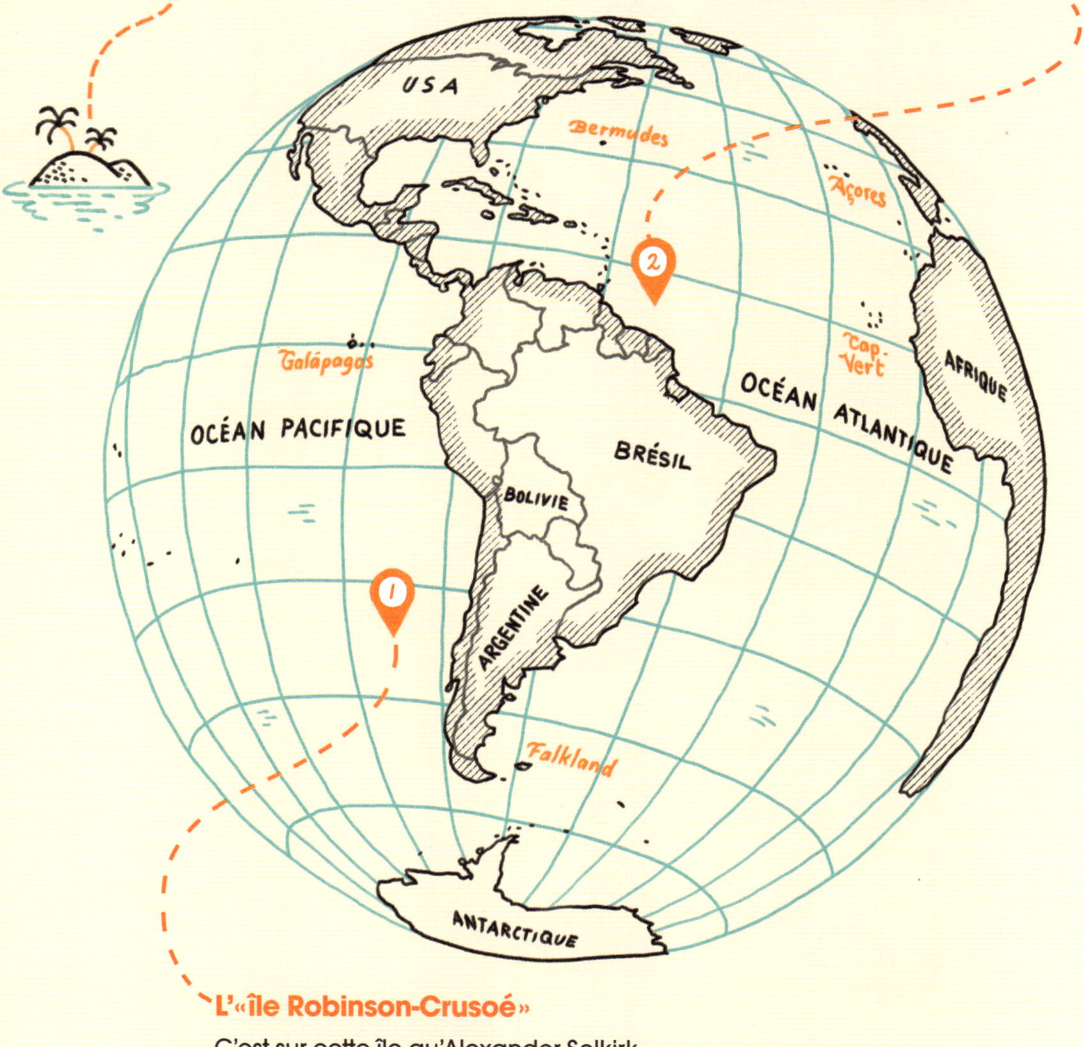

L'« île Robinson-Crusoé »

C'est sur cette île qu'Alexander Selkirk vécut de 1704 à 1709. Appelée jadis Más á Tierra, le gouvernement chilien la renomme « Isla Robinsón Crusoe » en 1966.

Un brêlage sert à assembler deux perches.
Prends une ficelle solide de 4 à 5 mètres de long.

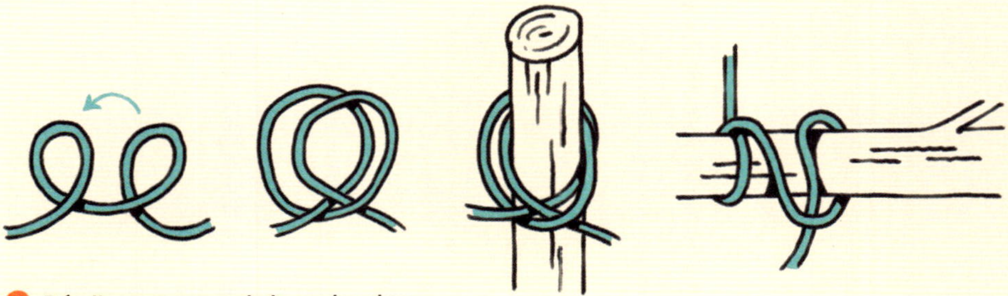

❶ Réalise un nœud de cabestan.

❷ Fais passer la ficelle sous la perche horizontale et sur la perche verticale et serre bien.

❸ Fais plusieurs tours, bien serrés.

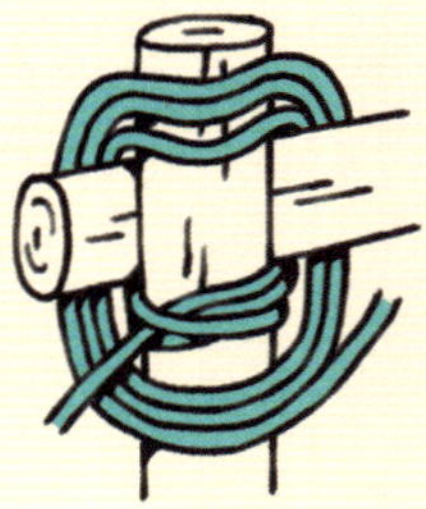

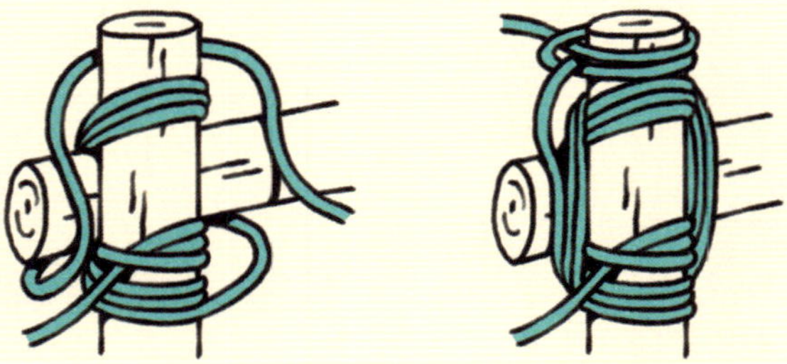

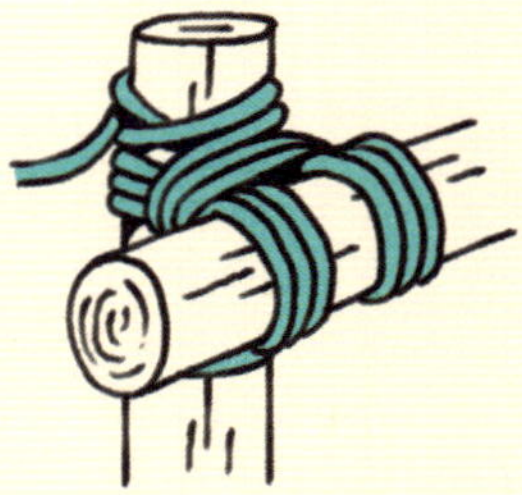

❹ Passe ensuite la ficelle sur la perche horizontale et sous la perche verticale.
❺ Fais trois tours en serrant fort.

❻ Termine par un nœud de cabestan sur la perche verticale.

Une claie est un alignement de baguettes de bois bien droites reliées entre elles par de la ficelle.

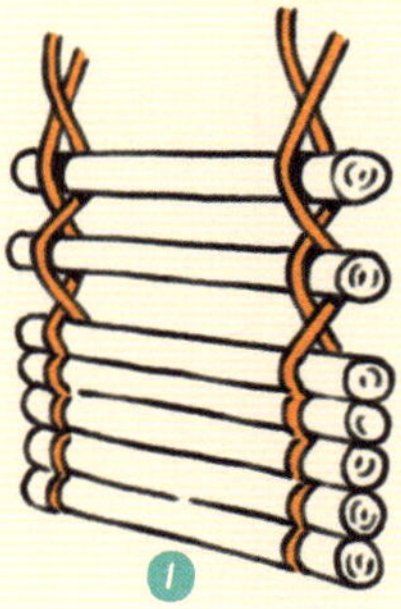

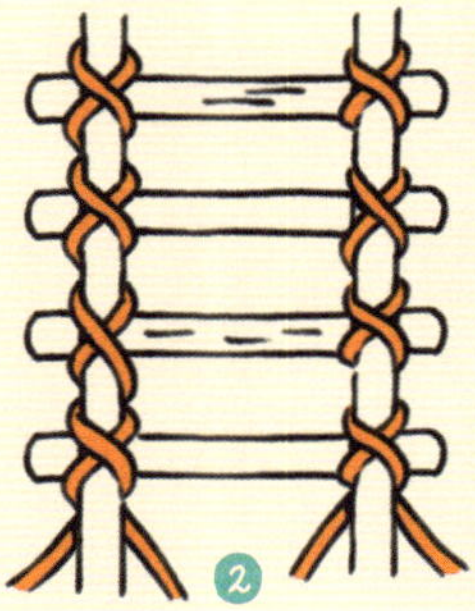

1 Commence par un nœud de cabestan aux deux extrémités d'une baguette. Entrecroise la ficelle en passant dessus puis dessous chaque baguette. Termine par un nœud plat.

2 Pour une meilleure stabilité, tu peux effectuer des claies fixées sur un support (deux perches déjà accrochées aux arbres).

Avec des branches courtes c'est une table, avec de longues branches c'est un super plancher pour faire la sieste ou observer les étoiles !

LA LÉGENDE DU ROI ARTHUR

Les aventures du roi Arthur et des chevaliers de la Table ronde nous fascinent et forgent notre imaginaire du Moyen Âge. D'où viennent ces histoires légendaires ? Qui les a écrites ? Remontons le temps, loin, très loin…

La Grande-Bretagne, un royaume soumis aux invasions

Jusqu'au Vᵉ siècle, la « Grande-Bretagne » est constituée d'une multitude de petits royaumes, dont une partie est soumise à l'Empire romain. Ce sont les Romains qui lui ont d'ailleurs donné son nom, pour la distinguer du territoire français, qu'ils appellent « Petite-Bretagne ».

En 407, lorsque les Romains retirent leurs troupes – ils ont d'autres chats à fouetter, ou plutôt des peuples germaniques à arrêter en Gaule –, c'est la catastrophe ! Les Angles, les Saxons et les Jutes déferlent sur le territoire pour tenter de l'envahir. Les Bretons ont bien du mal à se défendre.

Des siècles plus tard, alors que la situation politique s'est à peu près stabilisée, les rois de Grande-Bretagne ont besoin de se trouver – voire de s'inventer – de prestigieux ancêtres pour légitimer leur pouvoir et glorifier leur passé. Quoi de mieux pour cela que les histoires et les légendes ? On voit alors apparaître ici et là dans des textes de grands rois bretons, dont l'existence n'est pas vraiment certaine mais qui assurent comme des bêtes. Valeureux combattants face aux envahisseurs, ils incarnent la résistance. Parmi eux, il y a Uther Pendragon et son fils, le roi Arthur.

Des légendes écrites par de multiples auteurs à travers les siècles

Il n'y a pas de version unique de ces histoires légendaires, mais une multitude de textes écrits à différentes époques, qui s'enrichissent ou se contredisent parfois. Arthur est mentionné pour la première fois au IXe siècle, dans l'*Historia Brittonum* (*Histoire des Bretons*), une œuvre anonyme. Il y apparaît comme un chevalier ayant livré des batailles et remporté des victoires trois siècles plus tôt. Au début du XIIe siècle, **Geoffroy de Monmouth**, un évêque gallois, développe largement les exploits d'Arthur dans son *Histoire des rois de Bretagne*, ouvrage qui rencontre un énorme succès et se trouve diffusé un peu partout en Europe.

La « Table ronde » naît sous la plume d'un poète normand, **Wace**. Plus tard, le poète français **Chrétien de Troyes** popularise les légendes arthuriennes en écrivant sa version de l'histoire des chevaliers de la Table ronde, où figurent des héros comme Lancelot du Lac et Perceval. Le succès est tel qu'après lui, et jusqu'à aujourd'hui, des auteurs continuent d'écrire sur ces personnages : un monde merveilleux se dessine, peuplé de plus de deux cents personnages !

La figure du roi Arthur se précise : puissant, glorieux, conquérant, juste et protecteur, il est garant d'un certain équilibre du monde. Sa cour, installée dans son château de Camelot, attire les meilleurs chevaliers de son temps. Elle constitue une société idéale, qui disparaît, hélas, après la mort du roi. Dans cette multitude de textes, le lieu et l'époque demeurent toujours identiques. Les aventures se déroulent principalement entre la fin du Ve siècle et le début du VIe siècle (au moment des « grandes invasions ») sur l'île de Grande-Bretagne et au nord-ouest de la France. Ces deux territoires forment, chez certains auteurs, le royaume de Logres (dont tu trouveras une carte ci-contre).

Tu verras, les noms des pays sont différents à l'époque médiévale et à la nôtre. Quant à savoir si le valeureux roi Arthur a véritablement existé… Je n'ai qu'une seule réponse : mystère et boule de biniou volant !

L'épée Excalibur

Chez certains auteurs, Arthur retire Excalibur d'une enclume – c'est la version que j'ai choisie de te raconter –, chez d'autres, il la reçoit d'une grande magicienne : la fée Viviane, également appelée la Dame du Lac. D'autres récits racontent encore comment Merlin conduit le roi au bord d'un lac, d'où surgit une main lui tendant l'épée.

Excalibur est l'emblème des grandes aventures d'Arthur. Incassable, elle peut, paraît-il, tout trancher, même le saucisson congelé !

Son fourreau magique protège son propriétaire des blessures. Avec Excalibur, Arthur rejoint ainsi toute une famille de grands héros aux armes magiques – comme Achille dans *L'Iliade* !

Avant de mourir, Arthur fait jeter l'épée dans un lac, où elle est récupérée par la fée Viviane.

Le Graal

Le Graal apparaît pour la première fois vers 1180 dans un roman de Chrétien de Troyes, *Perceval ou le Conte du Graal*. Il est décrit comme un grand plat magnifiquement orné duquel émane une puissante lumière. Le Graal offre un spectacle éblouissant ! Au fil du temps et selon les auteurs, il prend des apparences très variées. Tantôt corne d'abondance, tantôt

Le Royaume de Logres

étrange pierre descendue du ciel, ou encore vase, il finit par devenir la coupe dans laquelle le Christ aurait bu lors de son dernier repas (la Cène) et qui aurait plus tard recueilli son sang lors de la Crucifixion. On parle alors de « Saint Graal ». La découverte de cet objet mystérieux annoncerait la fin des temps aventureux, il pourrait soigner ou encore apporter la paix. Une chose est sûre, c'est un objet sacré aux pouvoirs très puissants !

Galaad, Lancelot, Perceval, Bohort, tous ces chevaliers partent à sa recherche, et il n'est pas facile à trouver ! Qu'importe ! La quête du Graal est surtout l'occasion pour les chevaliers d'accomplir des exploits et de prouver leur valeur.

Les chevaliers de la Table ronde

Selon les légendes, la **Table ronde** a été créée par Merlin ou offerte à Arthur par le roi **Léodagan**, le père de Guenièvre. Elle permet de réunir les plus valeureux chevaliers du royaume de Logres. Cette table étant ronde, elle garantit entre eux une parfaite égalité : il n'y a pas de place plus enviable qu'une autre.

Chaque chevalier qui y siège accepte de partir à la recherche du Graal, mais aussi d'assurer la paix dans le monde. Une place est laissée vide : le **Siège périlleux**. Seul le plus pur des chevaliers, celui qui trouvera le Graal, pourra s'y asseoir sans risquer sa vie. Selon les écrits, la Table ronde accueille entre 12 et 1 600 chevaliers. Rudement pratique ! En revanche, l'histoire ne dit pas si elle peut servir de table de poker à Las Vegas.

Parmi tous les chevaliers du roi Arthur, douze se distinguent particulièrement par leur vaillance et leur courage. Tous ont vécu d'incroyables aventures au cours de la quête du Graal. En voici quelques exemples.

Yvain se promène en compagnie d'un lion depuis qu'il a sauvé le félin de l'assaut d'un dragon maléfique.

Il part venger l'honneur de son cousin **Calogrenant**, humilié par un chevalier noir qui l'a attaqué et lui a volé son cheval.

Neveu du roi Arthur, **Gauvain** est un modèle de vertu et de courtoisie. Galant, il est particulièrement doué pour venir au secours des demoiselles en détresse.

Assis près de lui, **Lamorak** est célèbre pour sa force et sa fougue. Il aurait plus d'une fois battu une trentaine de chevaliers à lui seul.

Dagonet est certes un chevalier, mais il est surtout le fou du roi Arthur : on peut compter sur lui pour divertir la cour !

Le valeureux **Bohort** est un guerrier redoutable. Il fait partie de la garde personnelle du roi Arthur.

Perceval est un orphelin qui grandit dans l'ignorance du code de la chevalerie, mais qui se révèle si doué qu'il est adoubé par le roi Arthur. Tandis qu'il séjourne une nuit dans un château inconnu, il est témoin d'une étrange procession : un cortège de serviteurs portant une coupe d'or resplendissante: le Graal ! Hélas, le lendemain, le cortège a disparu et il ne peut rapporter le précieux objet à la cour du roi…

Parmi les chevaliers, un traître, l'impétueux **Méléagant** : profitant de l'absence d'Arthur, il enlève la reine Guenièvre et l'enferme dans un château, accessible seulement par un pont tranchant comme une épée.

Lancelot, fou amoureux de la reine, viendra la sauver. Élevé par la fée Viviane, ce chevalier exceptionnel dédie sa vie au service de sa dame, ce qui le détourne de la quête du Graal. C'est **Galaad**, son fils, qui réussira cette incroyable mission, avec l'aide de Bohort et de Perceval.

Parce que son cœur est extrêmement pur, c'est le seul qui parvient à s'asseoir sur le Siège périlleux, réservé au chevalier parfait.

La Table Ronde

ARTHUR
LANCELOT DU LAC
PERCEVAL
LAMORAK
GAUVAIN
BOHORT
MÉLÉAGANT
SAGRAMOR

Morgane, bonne ou mauvaise fée ?

Arthur et ses chevaliers évoluent dans un monde merveilleux peuplé de créatures étranges, de magiciens et de fées. Parmi ces personnages aux pouvoirs surnaturels, il y a la fée Morgane.

Fille d'Ygerne et de Gorlois de Tintagel, le duc de Cornouailles, Morgane est la demi-sœur d'Arthur. Réfugiée sur l'île d'Avalon lorsque Uther Pendragon épouse sa mère, elle devient l'élève de Merlin. Puissante magicienne, c'est aussi une femme savante qui connaît les plantes et l'astronomie.

Experte dans l'art de guérir, elle apparaît dans certains textes comme une figure maléfique, aux pouvoirs aussi sombres que terribles. Elle devient au fil du temps une redoutable adversaire du roi Arthur.

Le code de la chevalerie

Au Moyen Âge, la société se divise en trois ordres : ceux qui prient, ceux qui travaillent, ceux qui combattent. Les chevaliers font partie de ce troisième ordre.

Mais savoir manier les armes n'est pas suffisant pour rejoindre ce groupe d'élite. La chevalerie est un monde réglé par un code d'honneur bien précis. Les chevaliers partagent des valeurs :

- **loyauté,**
- **générosité,**
- **courage,**
- **humilité ;**

et obéissent à des devoirs :

- **respecter la vie de son adversaire,**
- **utiliser la force de façon raisonnable,**
- **servir la justice,**
- **aider les plus faibles,**
- **fréquenter les églises.**

Le chevalier combat à cheval, le plus souvent au service d'un roi ou d'un puissant seigneur.

L'écuyer (c'est-à-dire l'assistant d'un chevalier) est nommé chevalier lors d'une cérémonie d'adoubement, au cours de laquelle il reçoit son épée, son écu et ses étriers.

Son seigneur lui donne alors la colée, un coup au niveau de la nuque. Plus tard, ce coup sera remplacé dans le rituel par un toucher des deux épaules avec le plat de l'épée.

Laure Grandbesançon

grandit entre Marseille et La Ciotat. Vers l'âge de 6 ou 7 ans, on lui raconte à l'école que des marins grecs, venus de la cité de Phocée, ont fondé Marseille, il y a plus de deux mille six cents ans. Les questions dans sa tête, immédiatement, se bousculent. Mais avec quel bateau ? Combien étaient-ils ? Comment étaient-ils habillés ? Et surtout, vont-ils revenir ?
Dès lors, durant des semaines, des mois, des années, elle les guette. Elle attend le grand, le glorieux retour des Grecs. En vain ! Jamais ils ne montrent leurs frimousses. Qu'importe, elle trouvera un moyen, plus tard, elle le sait, de plonger dans l'Histoire.
En attendant, elle s'occupe. Du mois d'avril au mois d'octobre, elle vit en maillot de bain (le fameux bikini rouge à pois blancs). Elle se jette dans les vagues. Elle regarde le soleil droit dans les yeux. Et après ?
Après, il y a de folles études de philosophie, à Paris. De folles années à l'école de théâtre. Et puis la radio. En 2019, Laure ouvre le bureau des Odyssées à France Inter. Enfin, elle peut remonter les mystérieux couloirs du temps. Son podcast réunit aujourd'hui des millions d'enfants.

LGB

Les Odyssées, c’est aussi une série de podcasts de France Inter
que tu peux écouter à cette adresse :

https://www.radiofrance.fr/franceinter/podcasts/les-odyssees

ou en scannant ce QR code :

Sais-tu que tu peux retrouver *Les Odyssées*
dans un autre livre aux éditions Les Arènes :

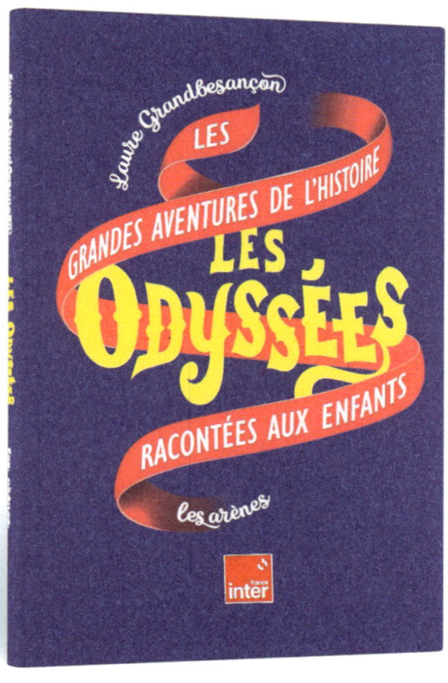

Remerciements

Merci à toutes les oreilles à l'écoute des Odyssées ! Mille millions de mille mercis pour vos messages, vos suggestions, vos commentaires !

Merci à Laurence Bloch, Yann Chouquet, Mathieu Beauval et Fanny Annoot-Oualia pour leur confiance et leur soutien.

Merci à mes éditrices. Aux éditions Radio-France :
Anne-Julie Bémont et Marie-Laure Pauly.
Aux Arènes : Seymourina Cruse et Victoria Scoffier.
Merci pour votre accompagnement, votre exigence.
Merci de ne jamais lâcher l'affaire.

À Sara Deux, qui a assuré avec grand talent la direction artistique de ce tome 2.
À Maude, génie de la fabrication, et à Audrey aux yeux de lynx.
Merci pour les échanges ! Merci d'avoir fait de ce livre un jaillissement de merveilles.

À tous les illustrateurs : mille millions de mille mercis.
Merci d'avoir si bien transformé le son en images !

À la merveilleuse, à la sensationnelle, à l'éclatante, à l'ébouriffante équipe des Odyssées. Aux épatantes réalisatrices avec lesquelles tout a commencé : Hélène Bizieau, Anne-Sophie Ladonne, Céline Illa, Fanny Bohuon. À celles et ceux qui viennent de nous rejoindre : Anne Liorheau, Clément Nouguier, Taissia Froidure. Merci à deux grandes collaboratrices de choc : Fanny Leroy et Irène Menahem. Merci à nos deux génies du mix : Basile Beaucaire et Benjamin Orgeret.

À toutes les voix de France Inter qui acceptent sans rechigner de dire tant de fois « pétard », « purée » (et parfois bien pire), mille, que dis-je ?, cent millions de mille merci ! Et pour Frédérick Sigriest – qui joue si bien les magiciens, les grands héros grecs ou encore les maîtres samouraï –, j'ajoute quelques millions de merci de plus !

Merci à Christine Ferlampin-Acher pour sa relecture.
Merci à Lucie, Camille, Rémi, Agnieszka, Ophélie, Hugo, Flora et Juliette.
Merci à tous les GB du monde. Merci Solenne, Camille, David, Céline.
Merci les Botiveau. Merci Clarisse.
Merci à Blandine, ma mère. Merci à ma grand-mère Edjin.
Merci Yves, papa, mon père, je pense à toi chaque jour.
Merci à Bernard, mon deuxième père.
Merci à Clément, avec qui la vie est si déliciousse.
Et puis, même si ça fait tarte : Merci la vie !!!!!!!

LGB

Loi n° 49-956 du 16 juillet 1949 sur les publications destinées à la jeunesse.

Achevé d'imprimer en Belgique sur les presses
de l'imprimerie Delabie à Mouscron en septembre 2022.

ISBN : 979-10-375-0709-9
Dépôt légal : Octobre 2022